가문을 일으키는 법

부자가 되는 실현 가능한 투자법

엄재웅(서경파파) 지음

아시아

머리말

흙수저에서 금수저로 도약하기

첫 번째 책《강남 되는 강북 부동산은 정해져 있다》에서 저는 정부의 도시개발계획을 분석해 확실하고도 안전하게 투자 수익 올리는 법을 소개했습니다. 특히 부동산 투자의 절대 공식은 '타고난 입지'가 아니라 '도시개발계획하에 입지화가 되는 것'임을 여러 근거를 들어 소개했습니다.

두 번째 책《수도권 비주택 투자 수업》에서는 주택 규제의 시대에 빠르게 투자 수익 올리는 방법론을 제시했습니다. 특히 2025년 현재, 중앙정부와 지방정부가 공식적인 문서를 통해 비주택 재건축을 적극적으로 권장하고 있는 만큼 독자들에게 큰 도움이 되었을 것으로 생각합니다.

세 번째 책《다시 시작하는 투자》에서는 부동산 적정가(적정 매수가 및 매도가)에 대한 내용을 다루었습니다. 아무리 좋은 매물이라도 적정가에 매수, 또는 매도하지 않으면 수익을 낼 수 없는 투자의 세계에서 이는 매우 핵심적인 기술입니다.

그리고 이번 네 번째 책《가문을 일으키는 법》은 부동산 투자를 넘어 우리 인생의 명확한 목표를 세우고 실현할 수 있는 현실적인 방법을 담고 있습니다.

이제부터 우리의 최종 목표는 건물주가 되는 것입니다. 그리고 건물주가 되기 위해서는 부동산, 주식 등의 모든 투자법을 활용해야 합니다. 이 책에서는 건물주가 되어 매월 현금 흐름을 확보할 뿐 아니라 사고팔 때의 차익을 통해 노후까지 대비하는 방법을 현실적이면서도 체계적으로 소개할 예정입니다. 더불어 자녀들의 미래를 더욱 단단하게 만들 방법도 안내하겠습니다.

정부의 도시개발계획에 따라 '강남 되는 강북 부동산'이 정해져 있듯이 사실 부자(기득권층)가 되는 방법도 어느 정도 정해져 있습니다. 이 네 번째 책을 통해 여러분에게 현실적이면서도 가장 확실하고 안전하게 금수저가 되는 방법을 알려드리겠습니다.

사람들은 돈이 없어서 부자가 될 수 없다고 흔히 생각합니다. 그러나 사실은 그렇지 않다는 것을 말하고 싶습니다. 돈(자산)이 부족해서 부자가 될 수 없는 게 아니라, 부자가 되는 방법을 몰라서 부자가 되지 못하는 것입니다.

대부분의 사람은 열심히 삽니다. 심지어 죽을 만큼 노력할 때도 많지만, 그렇게 살지 않는 사람에 비해 초라한 결과를 얻기도 합니다. 불공

평해 보이지만 현실입니다. 원인이 무엇일까요? 두꺼운 천장을 뚫으려고 하는 사람과 천장을 피해서 오르려고 하는 사람이 들이는 노력과 얻는 결과가 다른 것은 당연한 이치입니다. 수능시험에 비유하자면 기출빈도가 높은, 즉 시험에 잘 나오는 것들을 공부한 학생과 이론적으로 매우 중요하지만 시험에 잘 나오지 않는 것들을 공부한 학생의 성적은 차이가 날 수밖에 없습니다.

물론 나만의 비즈니스 모델을 만들어 성공시키는 것만큼 확실한 수익원은 없습니다. 다만 여기서는 부모님에게 그 어떠한 지원도 받지 못한 채 근로소득을 기반으로 살아가는 평범한 우리를 가정하고 이야기하겠습니다.

연이은 부동산 규제로 많은 자산이 주식과 코인 시장으로 흘러 들어가고 있습니다. 한편 30년 이상 된 노후계획도시를 재건축하는 사업 또한 본격적으로 진행될 예정입니다. 이 사업이 원활하게 진행되기 위해서는 부동산 투자자들의 수요가 필요하므로, 결국 노후계획도시 사업을 통해 큰 수익을 맛보는 사례가 많이 생겨날 것입니다.

지난 뉴타운 사업 때 재개발 투자로 풍요로워진 사람들처럼 이번에도 누군가는 정책의 흐름에 올라타 많은 돈을 벌게 될 것입니다. 그 주인공이 바로 우리여야 합니다. 재건축 투자로 얻은 수익을 건물 매수의 시드머니로 활용한다면, 두꺼운 천장을 피해 부자의 반열에 올라 있는 자신을 발견하게 될 것입니다.

당신의 가문에 영광이 있기를!

2026년 1월

서경파파

차례

1부

이기는 공식을 익혀라

내 인생에 건물주라니

"과연 내가 수저를 바꿀 수 있을까?"

"최종적으로 건물주의 목표를 이룰 수 있을까?"

"아니, 소박하게라도 행복한 가정을 꾸릴 수 있을까?"

날이 갈수록 복잡해지는 '현생'을 살아가다 보면 이런 고민을 하지 않을 수 없습니다. 코로나19 팬데믹 이후의 유동성 증가와 AI 혁신 등은 도태될지 모른다는 두려움과 삶에 대한 압박을 강화하고 있습니다. 이 때문에 미래를 부정적으로 전망하거나 단념하는 사람들이 늘어나고 있습니다.

그러나 놀랍게도 투자는 기세가 9할입니다. 그릇이 큰 사람이 투자에 성공할 확률도 크다는 말입니다. 남들이 관심 없을 때 옥석을 가려 과감하게 매수하는 판단력과 행동력, 소위 '그릇의 크기'는 내가 얼마나 사회 현상을 정확하게 파악하고 있는지에 따라 결정됩니다. 이미 정답을 알고 있다면 아무리 어려운 시험이라도 의연하게 대처할 수 있습니다.

월가의 전설적인 펀드매니저 존 템플턴John Templeton은 "강세장은 비관 속에서 태어나 회의 속에서 자라며, 낙관 속에서 성숙해 행복 속에서 죽는다"라고 말했습니다. 비관론이 사회를 지배한 바로 지금이 강세장의 시작입니다. 지난 상승장을 기억하세요! 자고 일어나면 연일 신고가 행진을 이어가던 자산 시장의 흐름을 우리는 알고 있습니다. 코인, 주식, 부동산 등이 예외 없이 상승하던 때를 말입니다.

2022년부터 약 4년여간 약세장이 계속된 상황에서 다시 강세장이 찾아올까요? 현재 정부가 강도 높은 부동산 규제를 발표하고 있지만, 우리는 이미 학습했습니다. 수많은 규제는 역설적으로 정부가 부동산 강세장을 인정한 데 따른 것이며, 규제의 강도가 셀수록 그 오름세는 더욱 가팔라질 것입니다. 이제 원숭이가 투자해도 돈을 버는 장이 다시 열릴 것입니다.

약세장에서 강세장으로 넘어가는 변곡점의 역사를 분석해온 저는 2023년부터 줄곧 강세장의 도래를 전망했습니다. 역사적으로 비관론이 강했을 때는 부동산 또한 부정적인 전망이 강했습니다. 그러나 정부는 1970~1980년대에는 강남 및 신도시 개발을 통해, 1990~2000년대에는 뉴타운 사업을 통해, 2010년 이후에는 자족도시 개발을 통해 대한민국에 활력을 불어넣었습니다.

지금까지 우리가 아무리 노력해도 자산 격차를 극복하지 못했던 이유는 정부가 돈을 어떻게 푸는지 파악하지 못했기 때문입니다. 4차 산업혁명과 AI가 주도하는 시대에는 새로운 도시 체계가 필요한 만큼 전국 단위로 많은 자본이 투입될 것입니다. 이미 기출문제를 풀어서 단련된 사람들은 정답이 '어디'인지 알고 있습니다. 여러분도 궁금하신가요?

그럼 지금부터 흙수저가 금수저 될 수 있는 '정도正道'를 알려드리겠습니다. 벌써 겁먹을 필요는 없습니다. 제가 소개하는 '이기는 공식'은 익숙한 듯하면서도 '그릇의 크기'에 따라 실행하기 어려울 수 있으므로, 용기가 나지 않을 수 있습니다. 그래도 괜찮습니다. 차분히 자신만의 속도로 배우고 익히십시오. 포기하지 않는다면 '두꺼운 천장을 우회해서 기득권으로 올라갈 수 있는 길'을 걷게 될 것입니다.

자신만의 속도가 중요한 이유는 지독한 노력과 끈질긴 투지가 필요하기 때문입니다. 저는 막연한 성공팔이나 시크릿 유의 자기계발처럼 실체가 없는 것을 부정합니다. 특히 하루 5분만 투자하면 한 달만에 수천만 원을 벌 수 있다거나 노력 없이도 AI 프로그램만 딸깍하면 자동화 수익을 낼 수 있다고 주장하는 사람들이 위대한 부자라고 생각하지 않습니다. 정말 그렇다면 누구나 인정하는 세계적인 사업가 젠슨 황은 어째서 하루 14시간을 일하고, 일론 머스크는 주 80~100시간을 일할까요?

'우회해서 올라간다'는 말이 일확천금을 의미하는 것은 아닙니다. 그 길은 노력하지 않는 사람에게 허락되지 않습니다. 최종 목표인 건물주에 다다르기 위해서는 지루하기 짝이 없는 단계별 루틴을 수없이 반복해야 합니다. 그 과정은 여러분을 위대하고 강하게 만들 것입니다.

이 루틴을 따르기 위해서는 무엇보다 여러분의 평범한 마인드를 부자의 마인드로 리셋해야 합니다. 1부에서는 특히 이 부분을 강조할 것입니다. 강압적으로 "하세요"라고 외치거나 달콤한 말로 "하면 됩니다"라고 속삭이는 게 아니라, 한 글자 한 글자 읽다 보면 자연스럽게 머리와 마음이 열리도록 정확한 근거를 들어 설명하겠습니다. 또한 싸움에서 이기는 공식을 최대한 쉬운 언어로 설명하겠습니다. 실질적인 투자 전략은 2부에서 다루겠지만, 2부보다는 1부가 훨씬 중요한 내용이니 여러 번 읽기를 권합니다.

1장

다시 시작하는 투자

이번 장의 제목은 부동산 적정가 이론을 소개한 제 세 번째 저서《다시 시작하는 투자》의 제목이기도 합니다.

네 번째 책의 1장 제목을 '다시 시작하는 투자'로 정한 이유는 다시 한번 부동산 적정가를 다루기 때문이 아닙니다. 말 그대로 다시 한번 큰 기회가 오고 있고, 이 '대운'을 그대로 흘려보내서는 안 된다는 의미입니다. 한마디로 '다시 한번 돈을 벌 수 있는 기회'가 온다는 뜻입니다. '다시 한번'이라면 전례가 있었다는 것이겠죠. 맞습니다. 지금부터 집중하세요. 최대한 쉽게 설명하겠습니다.

우리 같은 평범한 흙수저에게 신분 상승의 유일한 수단은 시중에 현금이 풀려 유동성이 풍부해진 시기에 투자를 잘해 수익을 내는 것입니다. 이때 투자를 잘하기 위해서는 성공한 투자자들의 이기는 공식을 얼마나 잘 알고 있는지 '팩트체크'부터 해야 합니다. 이는 '메타인지', 또는 '자기 객관화'의 영역입니다.

많은 사람이 부동산은 **비쌀수록, 신축일수록, 강남3구와 관련될수록** 투자 가치가 높으므로, 가능한 한 이런 부동산을 매수해야 빠르게 부자가 될 수 있다고 말합니다. 그리고 다수의 언론, 유튜버 그리고 그들을 모방하는 부동산 콘텐츠 생산자들이 이런 관념을 확대, 재생산합니다.

이런 관념들은 과연 검증된 것일까요?

강남 불패라는 신화

상승장의 시작과 끝을 정확하게 상정하는 것은 어렵지만, 투자 현업에 있었던 경험과 언론 등에서 진단했던 시장 분위기, 시세를 이끌었던 주요 아파트 등을 종합해 지난 상승장 기간을 2013~2021년(8년)으로 가정하고 문제를 하나 내겠습니다.

당시 시세 상승률 1위 지역은 어디였을까요?

1. 강남3구(강남구, 서초구, 송파구)

2. 비강남(성동구, 노원구)

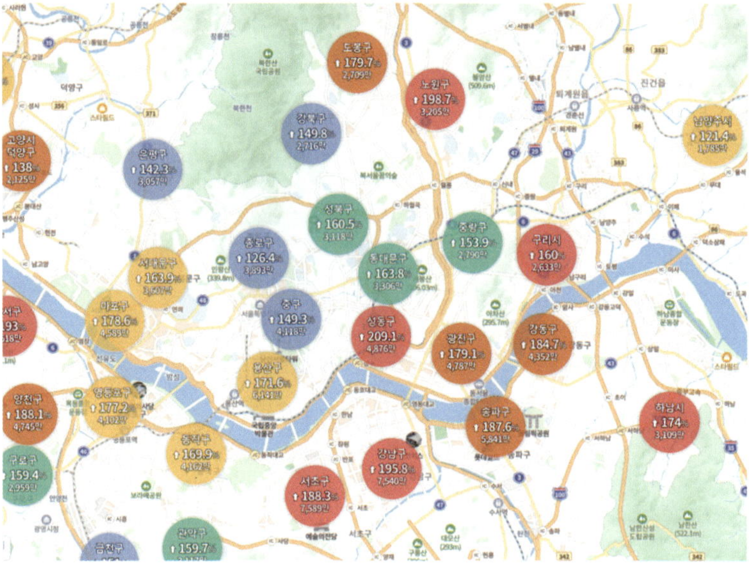

2013년 1월~2021년 12월 지자체별 시세 상승률

출처: 부동산지인

일반적인 관념에 대해 단 한 번도 의구심을 품어본 적 없는 사람이라면 강남3구가 제일 앞설 것이며 성동구가 그 뒤를 이을 것이고 노원구는 최하위일 것으로 예상할 테지만, 실제 시세 상승률은 **'성동구→노원구→강남구→서초구→송파구'** 순이었습니다(출처: 부동산지인).

사실 '강남'은 지난 상승장 기간에 도시개발계획과 정책결정자의 판단에 의해 개발이 의도적으로 제한되었습니다. 반면 성동구 성수동의 준공업지역과 같이 개발 잠재력은 높지만 제조업 지역으로 방치된 곳들이 힘을 받으며 평당 3,000만 원에서 약 2억 원까지 빠르게 상승했

연합뉴스TV + 구독 PiCK

분당 집값 전국 최고 상승...서울 1위는 영등포구

입력 2018.12.26. 오후 1:28 기사원문

분당 집값 전국 최고 상승...서울 1위는 영등포구

최근 1년간 전국에서 아파트값이 가장 많이 오른 곳은 경기 성남 분당구였으며, 서울에선 영등포구 아파트값 상승률이 강남을 앞지른 것으로 나타났습니다.

2018년 12월 26일 자 기사
출처: 연합뉴스

습니다. 즉 서울 준공업지역의 대대적인 변화는 부동산의 지각변동이 반영된 것일 뿐 아니라, 서울이라는 도시가 나아가야 할 방향을 보여주는 것입니다. (해당 내용은《강남 되는 강북 부동산은 정해져 있다》에서 자세히 설명했습니다.)

현대인은 과할 정도로 많은 정보 속에서 살고 있지만 이 모든 정보가 사실인지 검증하는 데는 익숙하지 않습니다. 실제로 지난 상승장 동안 연일 '강남3구 ○○아파트 신고가' 소식이 쏟아졌고, 평범한 사람이라면 아무런 의심 없이 해당 정보를 받아들였을 것입니다. 그 결과 위 문제의 정답으로 대개 '1. 강남3구(강남구, 서초구, 송파구)'를 선택했겠지만, 상식과 달리 정답은 '2. 비강남(성동구, 노원구)'입니다.

언론과 유튜버들에게 부동산 정보를 얻는 사람들은 위와 같은 사실을 쉽게 받아들이지 못하지만, 재개발·재건축 투자자들은 아주 당연하게 여깁니다. 언론과 유튜버들은 예나 지금이나 하루빨리 강남3구에 등기를 치지 않으면 인생이 망할 것처럼 겁주지만, 재개발·재건축 투자자들은 비강남권, 비서울권, 비수도권일지라도 유망한 지역에 투자해 큰 수익을 거둔 경험이 있기 때문입니다.

사실 지난 상승장에서 언제나 강남3구만 독주한 것은 아니었습니다. 2018년 기준 1년간 시세 상승률 1위 지역은 단연 '영등포구'였습니다. 그러나 영등포구의 시세 상승률에 대한 관심은 크지 않았던 반면, 강남3구의 시세 상승률에 대해서는 관심이 컸기 때문에 마치 집단 최면에 빠진 것처럼 '강남 불패는 한순간도 예외인 적이 없었다'고 생각하는 것입니다.

2013년부터 8년간 계속된 상승장에서 아파트 청약, 아파트 갈아타기, 입주권 투자 등이 저금리 정책(상승 흐름)에 힘입어 열풍을 일으켰던 것은 사실입니다. 하지만 영등포뉴타운(현 재정비촉진지구) 재개발의 경우, 같은 기간에 실투자금 1억 원짜리 재개발 빌라가 15억 원까지 치솟기도 했습니다. 상승률만 놓고 본다면 어떤 투자가 더 효율적이었는지 바로 판단할 수 있을 것입니다.

문제는 언론이 이러한 사실을 알려주지 않는다는 것입니다. 우선 대중의 이목이 전부 강남3구 아파트에 쏠려 있습니다. 대형 건설사들의 커미션 때문에 '강남3구 ○○아파트 신고가'를 외치는 것이 비강남권 재개발을 언급하는 것보다 비즈니스적으로 훨씬 유리하기도 합니다. 결국 우리 스스로 똑똑해지는 방법 외에는 '집단 최면이라는 거인'과 싸워 이길 방법은 없습니다.

대규모 재건축 시대가 온다

그렇다면 지금부터 재개발 공부를 열심히 해서 초기 재개발 매물을 매수한다면 또다시 일확천금을 벌 수 있을까요? 저는 재개발 버스는 이미 떠났다고 봅니다. 왜냐하면 사업성 좋은 지역은 이미 상당수가 재개발 후보지로 지정된 데다가, 현수막을 달았다는 이유 하나만으로 후보지 지정 전부터 **프리미엄**이 붙기 때문입니다.

그보다는 새로운 도시개발계획에 투자해야 합니다. 이미 대세는 노후계획도시 사업으로 빠르게 기울고 있습니다. 노후계획도시 사업의 핵심은 주거, 일자리, 여가, 문화, 상업이 결합된 미래형 도시입니다. 이는 AI 시대에 맞춘 최적의 주거 트렌드입니다.

이 때문에 노후계획도시 사업은 대규모 재건축 시대의 서막입니다. **미래형 도시를 목표로 재건축되는 아파트**는 과거의 공식을 대입했을 때 가장 많이 오를 것으로 확신합니다. 따라서 우리는 이제 막 시작하는 도시개발계획인 노후계획도시 사업지의 재건축 아파트에 투자해야 합니다. 현시점에서 가장 저렴하게 매수할 수 있고, 훗날 가장 비싸게 매도할 수 있기 때문입니다.

뉴타운 재개발	—	소규모 정비사업	—	노후계획도시 재건축

대한민국 정비사업의 트렌드는 다음과 같이 전개되고 있습니다.

우리는 앞으로 펼쳐질 상승장에서 실수하지 말아야 합니다. 그러려면 지난 상승장에서 엄청난 수익을 거둔 사례들을 마치 우등생의 오답 노트처럼 꼼꼼히 분석해야 합니다.

소위 원숭이가 투자해도 돈을 벌었던 상승장 말기(2017~2021년)에는 어디에 투자하든 다 올랐습니다. 안타깝게도 우리는 이러한 수익이 어디로부터 왔는지에 관심이 전혀 없습니다. 투자로 돈을 벌고 싶다면 해당 수익이 어디로부터 왔는지, 그 원인을 반드시 알아내 거품이 없는 초기 상품에 투자해야 합니다.

상승장 말기 5년 동안 막대한 수익을 안겨준 신축 아파트, 입주권, 분양권 등의 투자상품들은 대부분 20여 년 전 시작된 뉴타운 사업의 결과물입니다. 이제는 대부분의 뉴타운 사업지(현 재정비촉진지구)가 **거의 완성 단계**(완성, 또는 해제)에 접어들었기 때문에 지난 상승장 때처럼 뉴타운 사업의 결과물(신축 아파트, 입주권, 분양권 등)은 주력 투자상품이 되기 어렵습니다. 특히 새로운 상승장이 찾아온 2023년 이후 투자자 사이에서도 청약, 입주권 투자 등은 트렌드를 선도하는 메타로 인식되고 있지 않습니다. 따라서 이 책을 읽는 여러분은 트렌드가 지난 청약, 입주권 투자를 가능한 한 지양해야 합니다.

앞서 설명했듯이 다가오는 상승장에서 원하는 만큼의 수익을 얻기 위해서는 과거 결과에 대한 원인 분석이 선행되어야 합니다. 그러기 위해서는 '뉴타운 사업-소규모 정비사업-노후계획도시 사업'의 상관관계를 반드시 알아야 합니다. 역사가 반복되듯이 투자의 세계도 마찬가지이기 때문에 당연히 숙지해야 합니다.

뉴타운 사업: 위기 극복 수단

월드컵 4강 진출의 쾌거로 기억될 2002년, 눈치 빠른 투자자들은 기민하게 행동해 경제적 자유를 얻었습니다. 그렇다면 여러분은 2002년에 무엇을 하셨습니까?

당시 이명박 서울시장은 경기 침체에 따른 건설경기 활성화를 위해 뉴타운 사업을 시작했습니다. 1기 뉴타운 시범 사업지(은평구, 성북구 길음동 등)를 지정하면서 사람들에게 뉴타운 사업에 투자하라는 시그널을 보냈습니다.

이듬해 들어선 노무현 정부에 의해 재정비촉진지구로 재정의되면서 이 사업은 전국 단위로 확장되었고, 그러면서 부동산 투자자들에게 엄청난 기회가 찾아왔습니다. 이후 2008년 치러진 18대 국회의원 선거에서 수많은 후보가 뉴타운 사업을 공약으로 내세운 것만 봐도 당시 반응이 얼마나 뜨거웠는지 알 수 있습니다. 이때 당선된 초선 의원 가운데 상당수가 일명 '타운돌이'라고 불렸을 정도로 '뉴타운 사업=국가 최대의 중요 사업'이었습니다.

한편 1기 뉴타운 시범 사업지의 면면을 살펴보면 개발에 대한 저항을 최소화할 수 있는 곳들 위주로 지정했다는 것을 알 수 있습니다. 빠르게 결과물을 보여줌으로써 건설경기를 활성화하고 2차, 3차 사업으로 확장하려 했기 때문입니다.

대표적으로 북한산국립공원 자락의 은평뉴타운은 정부의 개발 인허가만으로, 또 1960년대 서울 도심 철거민들의 주거지였던 길음동은 새로운 보금자리를 준다는 명분만으로 비교적 쉽게 사업을 추진할 수 있었습니다. 당시 서울시는 성동구 금호동과 옥수동 산자락의 철거민 주거지역을 재개발한 경험이 있었기 때문에, 뉴타운 시범 사업지에 길음동을 포함했던 것으로 보입니다.

하지만 1997~1998년의 외환위기로부터 단 4년이 흐른 시점이었기에 과감하게 투자하라는 정부의 메시지는 쉽게 받아들일 수 없는 것이었습니다. 그 결과 초기 뉴타운 사업은 정부의 생각처럼 흥행하지 못했습니다. 이미 1980년대에 뉴타운 사업을 마친 일본의 노하우와 효용을 들여와 진행하는 것이었지만, 사람들은 '뉴타운 사업'이 무엇인지 여전히 감을 잡지 못했습니다. 해당 사업에 투자하면 돈을 벌 수 있다는 선례도 한국에는 없었기 때문에 대부분의 사람은 투자를 더욱 망설였습니다.

반면 1970년대 강남 개발에 투자해 큰 수익을 맛본 사람들은 또 다른 기회가 시작되었다는 것을 감지하고 남몰래 핵심지를 선점했습니다. 서울의 뉴타운 사업이 흥행에 실패한다면 전국 단위 사업으로 확장하기 어렵기 때문에 이 사업은 반드시 성공해야 하는 국가적 과제임을 그들은 이해했던 것입니다.

이쯤에서 잠시 정비사업의 기초 개념을 살펴보겠습니다.

정비사업(재개발, 재건축 등)은 숙명적으로 '돈'의 전쟁입니다. 분담금이 적게 들어야 빠르게 진행되는데, 분담금을 줄일 수 있는 방법으로 크게 세 가지가 있습니다.

1. 사업의 필지를 크게 설정해 땅의 활용 가치를 극대화

정비사업의 필지가 클수록 분양을 더 많이 할 수 있어 사업에 유리해집니다.

2. 정부의 규제 축소와 인센티브 확대

각종 의무를 줄여주고 고도제한을 완화해주며 용적률 및 용도 상향 등의 혜택을 부여해 분담금을 줄여줍니다.

3. 민간 투자 활성화 및 주변 개발 활성화

투자자들이 활발하게 투자하거나 주변을 활발하게 개발하면 땅값에 이어 분양가가 오르면서 분담금이 낮아지는 효과가 발생합니다.

실제로 뉴타운 사업 초기에는 지금과 같은 복잡한 규정도 없었고, 대출, 세금, 주택 수, 전매제한 등의 규제도 없었기 때문에(혜택만 존재) 단돈 500만 원이면 입주권이 인정되는 매물을 거의 제한 없이 매수할 수 있었습니다. 그것들이 오늘날 20억 원짜리 서울 아파트가 된 것입니다. 뉴타운 사업으로 얻을 교훈은 단 한 가지입니다. 중앙정부 주도하에 대대적으로 시작하는 도시개발계획에, 그것도 초반에 편승해야 안전하게 큰 수익을 낼 수 있다는 것입니다.

소규모 정비사업: 전면 철거형 개발 지양

외환위기를 극복하기 위한 이명박 서울시장의 뉴타운 사업은 그가 대통령이 된 2008년 세계금융위기가 터지며 전국적으로 확대되었습니다.

표면적인 목적은 정주환경 개선이었으나 결국 건설경기 활성화라는 목적이 더 강했기 때문에 사업이 진행되는 과정에서 용산참사와 같은 안타까운 일들도 벌어졌습니다. 이후 박원순 서울시장이 장기간 집권하면서 사업은 큰 변화를 맞게 됩니다.

물론 건설경기를 활성화함으로써 경제를 부흥해야 한다는 기조가 완전히 사라진 것은 아니었습니다. 실제로 이명박 정부가 구상한 보금자리 주택지구와 함께 자족 도시의 개념을 담은 2기 신도시가 등장했습니다. 그러나 원도심 및 도심지의 노후 저층주거지 개발을 엄격하게 관리하는 등 일종의 선택과 집중이 이루어졌습니다.

대표적으로 박원순 서울시장은 기존 뉴타운 사업지 중에서 주민 규합이 안 되고 사업 속도가 나지 않는 곳들을 대거 해제했습니다. 이와 동시에 명확한 서울생활권계획 등을 도입해 앞으로 도시개발계획상 명분이 없는 곳들은 토지 소유주들이 아무리 강력하게 개발을 원하더라도 정비사업을 할 수 없도록 만들었습니다. 이때 마련된 규정은 원칙적으로 현재까지 이어지고 있습니다.

마침 뉴타운 사업 같은 대대적인 정비사업의 결과물이 그리 많지 않은 때였고, 역사적으로도 2008년부터 이어진 세계금융위기가 장기 침체로 접어들며 대규모 정비사업을 지속하기에는 자신감이 떨어지던 시기였습니다. 이에 서울시는 현실적으로 사업성이 떨어지는 지역의 경우 전면 철거형 개발을 지양하고, 대신 필지를 최소화해 소규모재건축, 가로주택정비사업, 도시재생 등의 방식으로 관리하게 되었습니다.

그 결과 투자금이 아무리 많더라도 도시개발계획을 해석해 정비사업이 가능한 곳을 찾아낼 능력이 없다면 빠르게 돈을 벌 수 없게 되었습니다. 게다가 소규모 필지 단위의 개발사업은 숙명적으로 토지 활용도가 낮기 때문에 과거 뉴타운 사업 때와 비교하면 투자자가 부담하는 분담금이 늘어날 수밖에 없습니다.

노후계획도시 사업: 다시 시작하는 투자

2017년 이후, 뉴타운 사업지들의 성과가 빛을 보는 한편, 엄격한 소규모 정비사업으로는 서울시의 만성적인 주택 공급 부족 문제를 해결하고 미래 도시로 나아갈 수 없다는 자성의 목소리가 터져 나오기 시작했습니다.

그 결과 과도한 재개발 해제 움직임은 서울시가 주도한 신속통합기획, 모아타운 부활로 서서히 원상 복구되었습니다. 그러나 정부는 알고 있습니다. 한번 무너졌던 재개발을 다시 살리는 것만으로는 한계가 있다는 것을 말이죠.

이 때문에 여야 정치인을 막론하고 '1기 신도시 재건축'을 이야기하기 시작했습니다. 선언적인 공약에 불과해 보였던 '1기 신도시 재건축'은 2023~2024년 들어 각 지자체의 '노후계획도시 정비 기본계획'으로 구체화되기 시작했습니다. 이로써 소규모 정비사업에 염증이 났던 투자자들에게 새로운 희망이 생겼습니다.

저는 문재인 정부, 윤석열 정부 시기의 각종 문서를 분석하면서 AI 시대의 미래 도시에 부합할 지역이 어디일지 끊임없이 연구했고, 결국 도시 공간의 효율적인 활용을 위해 점차 노후화되고 있는 1기 신도시 아파트를 건들 수밖에 없다고 결론짓게 되었습니다. 이후 '노후계획도시'라는 명칭조차 익숙하지 않았던 2020년부터 서울 및 수도권 지역을 중심으로 향후 제도적 혜택에 따라 재건축 사업성이 우수할 것으로 전망되는 아파트들을 고객들에게 추천해왔습니다.

지금은 어떨까요? 여야 정치인 모두 노후계획도시 사업을 부르짖고 있습니다. 마치 과거 뉴타운 사업 추진을 핵심 공약으로 내세워 국회에

입성하던 시기와 상당히 흡사합니다. 뉴타운 사업과 마찬가지로 노후계획도시 사업도 전국 단위로 전개될 것이지만, 핵심은 '서울 외곽 지역'과 '경기도 1기 신도시'입니다. 1980~1990년대 당시 정부의 의도대로 개발되어 현재의 서울 및 수도권 체계를 확립한 이들 도시부터 우선 성공해야 전국 단위의 성공을 장담할 수 있기 때문입니다.

앞서 설명했듯이 정비사업은 숙명적으로 '돈'의 전쟁입니다. 사업성이 좋지 않아 내 돈이 많이 들어가면 사업이 지지부진해지고 반대의 경우면 빠르게 추진되는 게 일반적입니다. 노후계획도시 사업은 뉴타운 사업과 소규모 정비사업을 거치며 새롭게 확립된 사업이라는 점이 큰 특징입니다.

노후계획도시 사업은 대규모 필지 단위의 개발이라는 점에서 뉴타운 사업과 비슷합니다. 그러면서도 뉴타운 사업의 문제점을 획기적으로 보완, 인근 단지와의 통합재건축 방식을 권장함으로써 단독재건축으로는 진행이 지지부진할 아파트단지들도 사업성이 개선되는 효과가 기대됩니다.

가령 일산신도시의 강촌1·2단지 및 백마1·2단지는 자체적으로 재건축을 추진한다고 가정했을 때 사업성이 정말 좋지 않았습니다. 그러나 통합재건축 방식을 택함으로써 네 개 아파트단지의 평균 사업성이 높아지며 결과적으로 전체 사업성이 크게 개선되었습니다.

혹자는 단지 내 및 단지와 단지 사이의 보행로, 공원 등의 기부채납 때문에 사업성이 악화될 것이라고 주장하나, 시뮬레이션 결과 분담금

입력 : 2024.11.14 10:44 | 수정 : 2024.11.14 11:13

[땅집고] 경기 고양시 일산 신도시에서 통합 재건축을 추진 중인 강촌1,2·백마1,2 단지의 재건축 분담금이 공개됐다. 일부 주택형은 재건축 부담금 없이 최대 3억6000만원까지 환급받을 수 있다는 계산이 나왔다.

14일 강촌1,2·백마1,2 단지 재건축 추진준비위원회가 도시계획 전문업체 케이티에스엔지니어링 의뢰로 제일감정평가법인이 시뮬레이션한 추정 분담금에 따르면, 일부 평형에서는 분담금이 발생하고 일부 주택형은 환급이 가능한 것으로 나타났다.

강촌마을 1단지 32평 주택을 보유한 조합원이 국민주택형인 전용 85㎡(34평) 을 분양받으려면 약 8500만원의 분담금이, 33평 보유 조합원은 약 3400만원의 분담금이 예상됐다.

[땅집고] 일산 신도시 강촌1,2단지 전경. /네이버지도

2024년 11월 14일 자 기사
출처: 땅집고

은커녕 환급금을 3억 6,000만 원씩 받고 재건축을 추진할 수 있게 되었습니다. 심지어 재건축 사업 초반 단계에서 계산한 사업성이기 때문에 재건축을 본격적으로 추진하는 과정에서 땅값이 오른다면 환급금은 더 늘어날 것입니다.

그러나 지자체마다 인센티브 정책이 다르기 때문에 통합재건축에 대한 사업성은 면밀한 분석이 필요합니다. 뉴타운 사업 과정에서도 사업성에 따라 진행 속도가 천차만별이었기 때문에 이를 잘 알고 있는 투자자들은 노후계획도시 사업에 대해서도 신중히 투자할 가능성이 큽니다. 제가 운영하는 네이버 카페 '서집달'에서 해당 사업지의 재건축 아파트와 관련된 데이터를 축적하는 것도 바로 이 때문입니다.

공짜 신축 아파트에 환급금까지 3억 6,000만 원이나 받는 재건축 사업을 마다할 사람이 있을까요?

즉 통합재건축이라는 제도 자체가 눈에 보이지 않는 특혜입니다. 경쟁자들이 돈 냄새를 맡고 몰려오기 전에 사업성이 좋고 빠르게 진행될 단지를 선점해야 합니다. 과거 뉴타운 사업의 사례처럼 성공적으로 재건축될 아파트단지들은 생각보다 많지 않습니다.

중앙정부가 대대적으로 새롭게 시작하는 사업에 빠르게 배팅해야 하는 이유는 이것만으로도 충분합니다.

TIP 1

대한민국 1호 노후계획도시

2024년 오세훈 서울시장이 발표한 '서남권 대개조' 정책에는 '뉴타운 사업의 귀환', 즉 노후계획도시 사업이 소규모 정비 방식에서 다시 대규모 사업 방식으로 전환된다는 메세지가 담겨 있다. 이 정책에서 가장

내 손안에 서울 발행일 2024.02.27. 16:20 수정일 2024.02.28. 13:34 조회 26,426

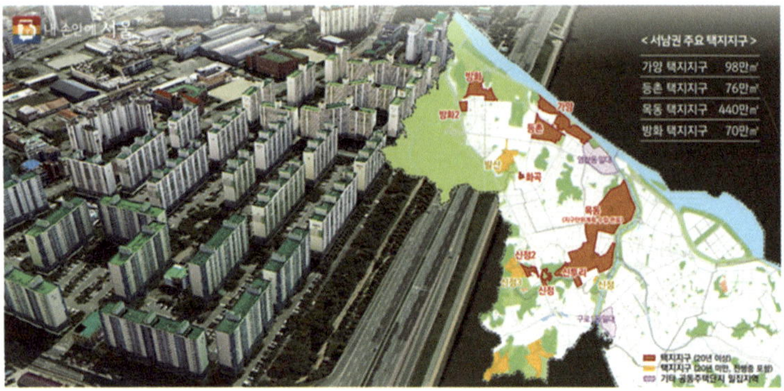

노후 고밀 주거단지를 직·주·락 복합도시로 재조성한다.

서남권 주요 택지개발지구로 양천구 목동을 비롯해 강서구 가양동, 등촌동, 방화동이 언급되었다.
출처: 서울시

가양시영6단지(위)와 등촌주공3단지(아래)

눈에 띄는 점은 서울시가 서남권 지역을 체계적으로 개발하겠다며 대한민국 1호 노후계획도시로 강서구 가양동과 등촌동을 지정했다는 것이다.

그런데 가양동과 등촌동은 서로 다른 필지이며 심지어 사업 주체도 다르다(가양시영아파트는 SH공사, 등촌주공아파트는 LH공사). 서로 다른 필지의 아파트단지들을 '그랜드 가양·등촌'이라는 이름 아래 하나로 묶어 대단위 사업을 하겠다는 것인데, 그 규모가 서초구 대표 통합재건축 사레인 반포동 래미안 원베일리(신반포3·23차, 경남아파트)를 초월한다.

이처럼 노후계획도시 사업은 태생적으로 사업성이 좋을 수밖에 없다. 이 의미를 정확하게 해석할 수 있는 투자자라면 서남권 대개조 정책의 원문을 읽는 순간 심장이 뛰었을 것이다.

그렇다면 서울시 대표 1호 노후계획도시로, 서남권 내에서 이미 인지도가 높은 목동이 아니라 가양동과 등촌동을 지정한 이유는 무엇일까? 추측하자면 이렇다.

1. 가양동과 등촌동의 위치가 서울시의 7광역중심(대규모 일자리) 중 하나인 마곡의 배후주거지 역할을 하기에 가장 적절하다.
2. 목동은 자체 사업성이 좋지만, 가양동과 등촌동은 과거 도시개발계획에서 재건축이 아닌 리모델링을 고려했을 정도로 사업성이 좋지 못하다. 따라서 노후계획도시 지정을 통해 사업성을 개선한다.
3. 서울의 상징인 한강변에 있다. 한강까지 이어지는 보행로 확보를 위해 통합재건축이 필요하다.

사실 강서구는 김포공항 때문에 고도제한이 걸려 있어 정비사업을 하기에 불리하다. 그 결과 강서구 내 대표 재개발 사업인 방화뉴타운은 최초 지정 시기가 2003년 11월로 다른 뉴타운 사업지들에 비해 빨랐는데도 사업 속도는 지지부진했다.

그렇지만 강서구는 대규모 일자리사업, 즉 마곡신도시 사업을 성공

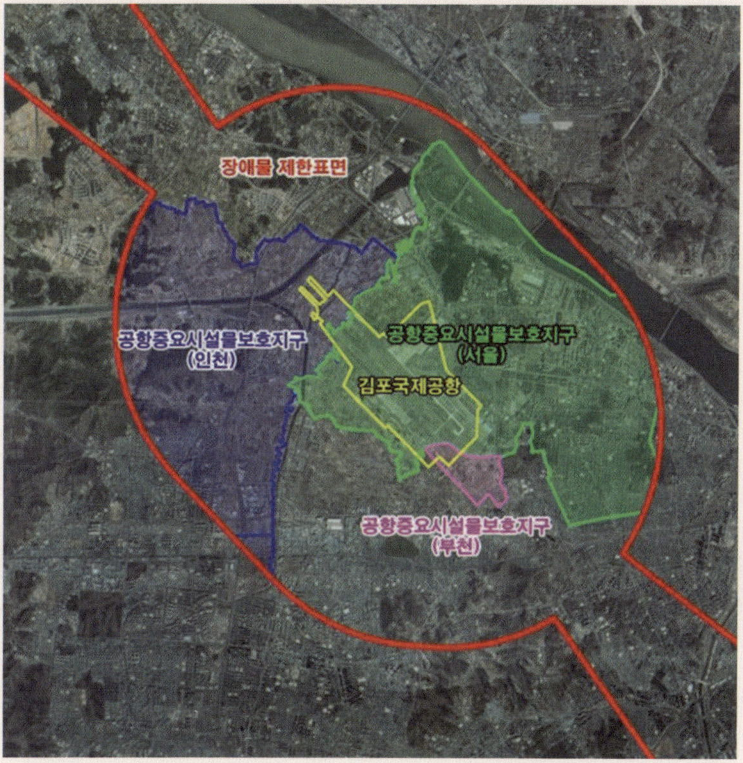

김포공항 주변 고도제한의 범위
출처: 인천시

적으로 해냈다. 향후 과제는 가양동과 등촌동의 재건축 및 목동신시가지 재건축 사업인데, 2025년 8월 국제민간항공기구ICAO가 민간공항 주변의 고도제한을 완화한다고 밝혀 사업성이 개선될 것으로 기대된다. 해당 내용이 담긴 개정안은 2030년 11월부터 시행되지만, 요건을

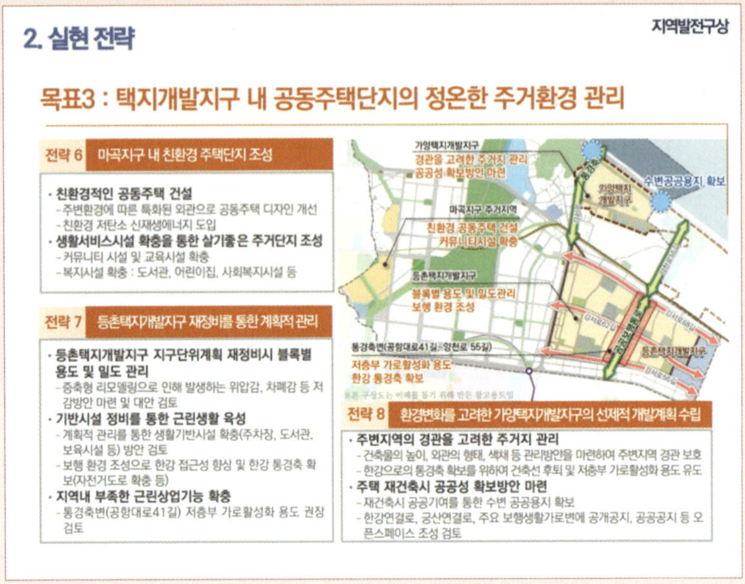

서울생활권계획에도 가양·등촌택지개발지구 개발 방향이 명시되어 있다.
출처: 서울시

갖춘 국가는 조기 시행이 가능하다. (관련 내용은《강남 되는 강북 부동산은 정해져 있다》에서 자세히 설명했다.) 게다가 김포공항 주변 3기 신도시(부천대장신도시, 인천계양신도시)들의 개발 속도가 빠르다는 점도 눈여겨볼 만하다.

한편 서울생활권계획은 박원순 서울시장 시절에 만들어졌다. 서울시의 행정은 여전히 서울생활권계획을 따르기 때문에 투자자라면 이를 정확하게 해석할 수 있어야 한다. 서울생활권계획의 가양·등촌택지개발지구 관련 원문에서 확인해야 할 점은 두 가지다.

가양·등촌 택지개발지구 기본계획 및 지구단위계획 재정비

1 기 본 현 황

□ 사업개요

회 계	도시개발특별회계		
사업기간	□연례반복, ☑사업기간 2025.02 ~ 2026.12		
사업내용	○ 재건축 시기도래(30년) 및 「노후계획도시 정비 및 지원에 관한 특별법」 적용 대상 택지지구의 계획적 관리와 주변지역 포함여부 등 공간구상 재편 및 정비 기준 마련		
사업위치	가양·등촌 택지개발지구 일대		
총사업비	총 1,200,000천원	[국비]	[시비] 1,200,000천원
	기타 (예산 외)	[구비]	[기타]
사업비 (당해년도)	475,000천원	[국비]	[시비] 475,000천원
	기타 (예산 외)	[구비]	[기타]

3 사 업 설 명

□ 사업목적

○ 재건축 시기 도래(30년) 및 「노후계획도시 정비 및 지원에 관한 특별법」 적용 대상 택지지구의 계획적 관리와 주변지역 포함여부 등 공간구상 재편 및 정비기준 마련

- 지구단위계획 재정비 및 이에 따른 교통영향평가 등 이행
- 노후계획도시 특별법 적용 및 주변지역 포함 여부 등 종합 검토

□ 사업근거

○ 「택지개발촉진법」 제16조

- 준공된 택지개발지구를 지구단위계획으로 관리

○ 「국토의 계획 및 이용에 관한 법률」 제51조

- 택지개발사업이 끝난 후 10년이 지난 지역은 지구단위계획구역 지정

○ 「노후계획도시 정비 및 지원에 관한 특별법」

- 준공 후 20년이 경과하고 면적이 100만제곱미터 이상인 택지개발지구 등

□ 사업내용

○ 사업기간 : '25.2. ~ '26.12.

○ 수립대상 : 가양·등촌 택지개발지구 일대

○ 사업수행주체 : 서울시

○ 추진방법 : 일반경쟁입찰(협상에 의한 계약)

○ 사업의 주요내용

가양·등촌택지개발지구 재정비 문서
출처: 서울시

첫 번째, 가양동과 등촌동 일대의 정비사업 가능성을 언급하고 있지만, 그 방식을 증축형 리모델링 방식으로 소개하고 있다는 점이다.

두 번째, 가양택지개발지구와 등촌택지개발지구를 연결하는 공공보행로를 신설한다는 점이다. 특히 이 통로가 한강변까지 이어지고 있다는 점이 중요하다. (참고로 서울시는 도시개발계획을 통해 한강변의 재건축 아파트 단지라면 시민들이 자유롭게 다닐 수 있는 공공보행로를 만들도록 의무화했다.)

서울시가 최근 발표한 가양동과 등촌동의 지구단위계획 재정비 관련 문서를 보면 "재건축 시기 도래", "노후계획도시 정비"라는 문구가 보이는데, 이를 통해 증축형 리모델링 방식에서 재건축 방식으로 전환할 계획임을 알 수 있다.

부족했던 사업성은 공공보행로 확보 명분으로 인센티브를 주어 만회할 것으로 보이며 통합재건축 방식 또한 사업성에 이바지할 것이다.

그렇다면 언제 투자해야 할까? 해당 문서에 따르면, 지구단위계획 재정비가 타당한지 알아보는 기간이 2026년 12월까지로 예정되어 있다. 사실상 '타당하다'는 정답을 내놓고 연구용역을 주는 것이기 때문에 2027년 상반기가 되면 인센티브를 주는 방식으로 재건축을 추진한다는 공식 입장이 발표될 것이다. 이 소식을 듣고 달려드는 다음 투자자들에게 비싸게 팔고 나오는 것도 좋은 방법이다. (사실 해당 지역의 매물들은 한창 저렴하던 수년 전에 고객들에게 추천했던 것이므로 뒤늦게 진입하는 더 큰 바보가 되지 않길 바란다.)

2장

나만 알고 있던 두 가지 원칙

2장에서는 투자금 이야기를 해볼까 합니다. 상승장이 되면 규제 정책이 부활하는데, 대개 주택(특히 아파트)과 관련된 것으로, 그 핵심은 레버리지 활용을 어렵게 만드는 것(투자금 축소)입니다. 그래서 사람들이 '현금 부자'를 부러워하는 것이죠.

우리는 지난 하락장(2022~2024년) 때 GTX 초역세권 아파트, 한강변 아파트, 학군지 아파트, 고급 신축 아파트 등 소위 '대장 아파트'들의 시세가 우리의 믿음과 달리 허무하게 무너지는 현상을 목격했습니다.

굳건한 믿음으로 대출을 총동원해 신도시 신축 아파트를 매수했건만 기대와 어긋나는 결과와 함께 치솟는 대출 금리로 힘든 나날을 보낸 분들이 많습니다. 입지가 좋으면 언젠가는 결국 상승하니 버티면 된다고 주장하는 사람도 있지만, 그들의 말만 믿고 '괴롭게 버티면 되는 시간'으로 치부해선 안 됩니다.

기왕 투자하기로 마음먹었다면 결과에 대한 원인을 명확하게 분석할 수 있어야 합니다. 지금부터 그 원인을 분석하겠습니다. 매우 간단한 원리이지만 언론에서 떠드는 그런 허무맹랑한 이야기가 아니니 여러 번 곱씹어보길 바랍니다.

호재가 탄탄한 신축 대장 아파트의 시세가 왜 떨어졌을까? 이 본질적인 물음에 답하고자, 돈의 구조적인 흐름을 짚어보겠습니다.

당연한 이야기지만 투자의 세계에서는 돈(투자금)이 매우 중요합니다. 부동산 투자의 경우 일반적으로 다른 자산에 비해 큰 투자금이 필요하기 때문에 상승장이 되어 규제 정책이 부활하면 돈줄을 죄기 시작합니다. 이때부터 비극이 시작되는 것입니다.

하락기의 비극은 왜 발생하는가

부동산 투자에 처음 발을 들여놓는 사람들은 투자를 잘하려면 최대한 많은 것을 알아야 한다는 강박 탓에 입문과 동시에 정신없을 정도로 방대한 양의 지식을 익히기 시작합니다. 물론 그 행위를 비판하는 것은 아닙니다. 다만 잃지 않는 투자 전략을 먼저 배웠으면 하는 바람으로 제가 알고 있는 지식을 공유하고자 합니다. 듣고 보면 지극히 당연한 이치이지만 많은 투자자가 실수하는 부분이기도 합니다.

부동산 투자의 유형이 굉장히 많고 복잡하게 느껴지겠지만, 돈의 흐름으로 구분하면 놀랍게도 딱 두 가지로 나눌 수 있습니다.

1. 대출 의존도가 낮은 부동산: 재개발, 재건축
2. 대출 의존도가 높은 부동산: 비주택(상가, 건물 등), 실거주 아파트

결론부터 말하자면 하락기의 비극은 '2. 대출 의존도가 높은 부동산'에서 주로 발생합니다. 이런 비극의 주인공이 되지 않으려면 비극의 원인을 좀 더 집중적으로 분석해야 합니다.

아래는 2020년 8월 7일에 제가 운영하는 네이버 카페 '서집달'에 기고한 칼럼입니다. 나스닥과 비트코인의 차트를 분석해 상승장에서 하락

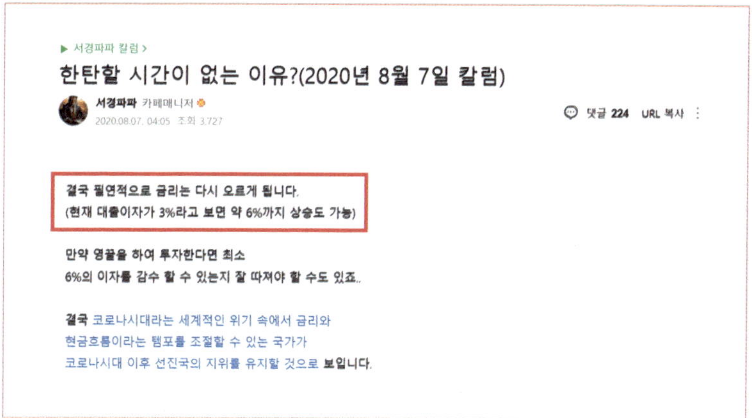
▶ 서경파파 칼럼 >

한탄할 시간이 없는 이유?(2020년 8월 7일 칼럼)

서경파파 카페매니저
2020.08.07. 04:05 조회 3,727

댓글 224 URL 복사

결국 필연적으로 금리는 다시 오르게 됩니다.
(현재 대출이자가 3%라고 보면 약 6%까지 상승도 가능)

만약 영끌을 하여 투자한다면 최소
6%의 이자를 감수 할 수 있는지 잘 따져야 할 수도 있죠..

결국 코로나시대라는 세계적인 위기 속에서 금리와
현금흐름이라는 템포를 조절할 수 있는 국가가
코로나시대 이후 선진국의 지위를 유지할 것으로 보입니다.

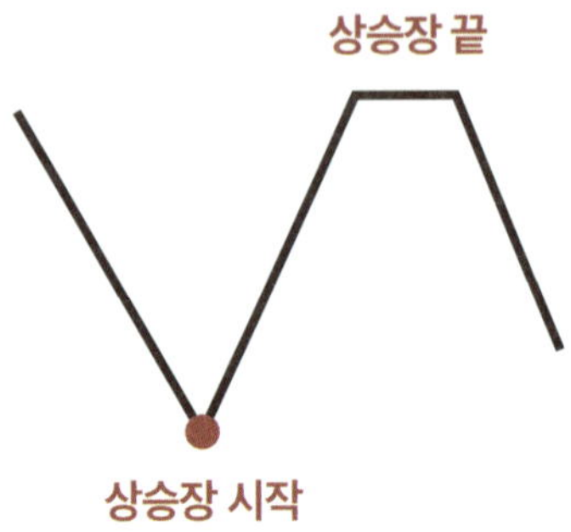

장으로 전환되는 시점(2020년 말~2021년 초)을 거의 정확하게 예측했습니다. 자고 일어나면 더 올라 있던 시기여서 당시 반응은 차가웠지만, 얼마 지나지 않아 모두 사실로 증명되었던 기억이 납니다.

2021년부터 거래 단절이 시작되었고 주택담보대출 기준 1~2%대였던 금리는 하락장의 골이 가장 깊었을 때 최대 7%까지 올랐습니다. 신용대출도 마찬가지여서 약 13%에 달하는 금리로 대출받은 고객이 있었을 정도입니다. 투자금에 문제가 생기기 시작한다는 것은 하락장의 가장 확실한 징후입니다.

그렇다면 하락장은 어떻게 찾아오는 것일까요? 정부의 기준금리 인상은 확실한 명분이 있어야 합니다. 그렇지 않다면 선거에 영향을 줄 정도로 여론이 안 좋아지기 때문이죠.

이 부분은 매우 중요하기 때문에 **금리 인상**의 과정을 좀 더 풀어서 설명하겠습니다. 역사가 반복되듯이 강세장과 약세장의 사이클도 반복되는 현상이므로 잘 암기해 투자에 활용하면 좋겠습니다. 상승장 초부터 말까지 어떤 일이 벌어지는지 보겠습니다. 기억을 더듬어 지난 상승장을 생각해보십시오.

일반적으로 상승장은 장기간 지속된 하락장의 늪을 탈출하기 위한 정부의 의도적인 경기 부양책으로 시작됩니다. 정부는 침체된 경기를 부양하고자 각종 규제를 완화함과 동시에 초저금리 정책으로 시장에 현금을 뿌리기 시작합니다. 그러다가 시장이 과열되고 지나치게 풍요로워지면 상승장이 끝나게 됩니다. 이 과정을 좀 더 자세히 나열하면 아래와 같습니다.

1. 초저금리 정책 덕분에 시장에 돈이 넘쳐나기 시작합니다.
2. 다들 돈이 많아집니다. (직장인은 보너스 잔치를 벌이고, 투자자는 연일 신고가를 누리며, 사업자는 최대 매출 행진을 이어갑니다.)
3. 늘어난 수익 덕분에 소비력이 가파르게 상승합니다. (호캉스, 해외여행, 명품, 외제차 등에 대한 수요가 늘어납니다.)
4. 구매력이 높아진 반면 물건의 수량은 한정된 탓에 가격이 오릅니다.
5. 생활용품의 가격도 오릅니다. (1,000원이던 콜라 한 캔이 1,500원이 됩니다.)
6. 물건의 가격이 오른다는 것은 물가가 오른다는 의미입니다.
7. 높은 물가를 잡기 위해 규제 정책이 부활합니다.

정부 입장에서 본다면 **높은 물가는 정치적 위협이 됩니다.** 먹고사는 문제만 해결해도 국민은 불만이 없죠. 역설적이게도 정부가 경제를 살리기 위해 현금을 뿌리고 규제를 완화한 결과 시장 과열과 물가 상승이 초래된 것입니다. 이를 해결할 가장 직관적인 방법은 시장에 넘쳐나는 현금을 회수하는 것입니다.

대출은 일종의 계약입니다. 액수와 기간, 이자를 설정하고 정식으로 계약을 맺는 것이기 때문에 정부가 물가를 잡겠다고 개개인의 대출금을 강제로 회수하는 것은 있을 수 없는 일입니다. 그렇기 때문에 개인이 버티지 못하고 스스로 대출을 상환하게 만드는 것입니다. 바로 금리 인상을 통해서 말이죠. 이렇게 직접적으로 돈줄을 조일 때 '대출 의존도가 높은 부동산'이 가장 먼저 타격받는 투자 유형인 이유입니다. (상가에 대한 설명은 TIP 2에서, 건물에 대한 설명은 4장에서 하겠습니다.)

대출 의존도가 높은 부동산: 실거주 아파트

상승장 내내 '○○아파트 신고가' 뉴스를 지겹게 접한 대중은 불안감이 공포심으로 바뀌면서 일생일대의 가장 큰 지출을 고민하게 됩니다. 나만 가난해지는 느낌을 강하게 받는 것이죠. 그렇게 비극은 시작됩니다. 예를 들어보겠습니다.

경기도 ○○시에 있는 대기업에 다니며 세후 월급 800만 원을 받는 A가 있습니다. A는 상승장 말즈음 불안한 마음에 실거주 아파트를 매수하려고 ○○신도시 아파트를 알아봅니다. 가지고 있는 현금은 2억 원뿐이지만 주택담보대출 6억 원(금리 3%)에 신용대출 2억 원(금리 4%)

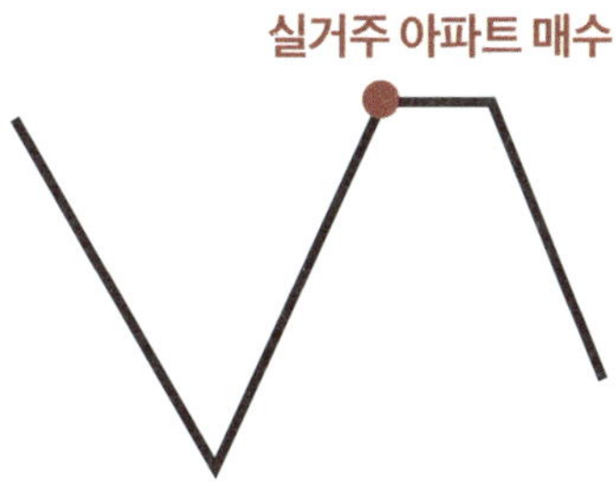

을 추가해 총 10억 원짜리 아파트를 계약합니다. 매월 이자로 300만 원이 나가지만 아직 감당 가능한 수준입니다.

그러다가 하락장이 시작되면서 서서히 금리가 오릅니다. 결국 주택담보대출 금리는 6%로, 신용대출 금리는 8%로 오르며 매월 이자로만 600만 원을 내게 됩니다. 금방 좋아질 것으로 생각하고 버티지만 이 상황이 장기간 지속된다면 힘들어질 게 뻔합니다. 여러분이라면 어떤 선택을 하겠습니까?

누구나 알 만한 대장 아파트들의 지난 하락장 때 시세 데이터를 보면 정답은 이미 나와 있습니다. **규제 정책과 단지 내 사람들의 비슷한 전략**(풀대출 매수→2년 실거주 후 비과세 매도) 때문에 급매 경쟁이 벌어집니다. 그 와중에 누군가가 파산해 경매로 넘어간 아파트가 실거래가보다 40% 싸게 팔리면, 사람들은 일반적인 매매에서도 그보다 더 저렴하게 사려고 하지 절대로 웃돈을 얹어주려고 하지 않습니다.

반면 서울 초고가 주택들은 왜 흔들리지 않았을까요? 100~300억 원 사이의 서울 초고가 주택들은 애초에 대출 없이 현금으로만 매매되는 경우가 많습니다. 이처럼 대출 의존도가 높지 않기 때문에 50~100억 원씩 상승했고, 100억 원 상당의 초호화 오피스텔 분양도 완판을 기록했습니다.

우리가 절대 진리라고 믿었던 입지 좋은 신축 아파트들의 가격이 방어되지 않는 이유는 간단합니다. 부동산 커뮤니티에서 비하의 의미를 담아 부르는 소위 '민도', 즉 **실거주 주민들의 수준** 때문이 아니라 단지 돈이 없어서 떨어진 것뿐입니다. 금리 인상을 버틸 능력이 없는데도 남(은행)의 돈을 과도하게 쓴 혹독한 결과입니다.

'강남3구+한강변+국민평형 기준 50억 원 이상'의 아파트인데도 하락장 기간에 위와 같은 일이 벌어졌다면, 죄송하지만 부자 아파트가 아닙니다. 설사 가격이 회복되어 신고가를 찍더라도 현금 흐름이 좋아진 중산층의 수요로 손바뀜이 된 것일 뿐입니다. 사람들이 부러워하는, 내가 갖고 싶은, 또는 부동산 커뮤니티에서 명품 부자 아파트로 추앙하는 아파트인데도 시세가 20% 이상 조정되었다면, 진정한 의미의 '똘똘한 한 채'가 될 수 없습니다.

대출 의존도가 낮은 부동산: 재개발, 재건축

이번에는 전업 투자자 B를 예로 들어 설명하겠습니다. 사전 조사와 임장까지 마친 B가 드디어 재개발 투자를 하려고 합니다. 서울시 ○○ 재개발 구역의 빌라 지번을 가지고 은행에 가 대출 담당 직원에게 이렇게 이야기합니다.

"해당 빌라에 갭투자를 하려고 하는데 주택담보대출이 얼마나 나올까요?"

직원은 아마도 이렇게 대답할 것입니다.

"고객님, 이것은 주택담보대출 대상이 아닙니다."

은행이 빌라에 대한 주택담보대출에 소극적인 이유는 '가격의 불확실성' 때문입니다. 동일한 지역이어도 재개발 여부에 따라 가격 편차가 크기 때문에 실거래가를 신뢰할 수 없죠. 더욱이 실거주도 하지 않는 빌라라면 주택담보대출 대상이 될 수 없는 것은 당연한 이치입니다.

그렇다면 재개발, 재건축 매물에 갭투자한 전업 투자자들은 어떻게 자금을 조달했을까요? 대부분 이전 투자의 수익금으로 충당하고, 약간 부족한 금액은 신용대출을 활용하죠. 즉 본인 자금이 많기 때문에 금리가 아무리 올라도 타격받지 않는 것입니다. 신용대출은 주택담보대출과 달리 원금을 상환하는 방식이 아니어서 1억 원에 대한 대출이자라고 해봐야 고작 한 달에 몇십만 원 수준입니다. 그 결과 하락기가 시작되어도 재개발 사업이 무너지지 않는 이상 급매 현상이 발생하지 않습니다.

심지어 재개발, 재건축 사업지 가운데 조합설립인가 등으로 속도를 내는 곳은 약세장에도 투자자들이 몰려와 가격이 상승합니다. 그래서 현명한 투자자들은 지역과 상관없이 도시개발계획상 정합성이 있으면 하락기에도 빠르게 인허가받을 만한 곳을 찾아 적정가에 매수해 수익을 만들어냅니다. (더욱 자세한 원리는《강남 되는 강북 부동산은 정해져 있다》《다시 시작하는 투자》에서 설명했습니다.)

정리하면 이렇습니다. 주택에 투자한다면 도시개발계획상 정합성이 있고, 정비사업성이 우수하며, 적정가인 매물을 찾아 대출 의존도를 최소화해 매수하는 것이 가장 안전하고, 또 확실한 수익을 보장합니다. 반면 큰돈을 들이는 실거주용 아파트는 상승장에는 수익률 면에서 재개발, 재건축에 비해 떨어지고, 하락장에는 무조건 방어가 안 되는 불완전한 매물이기 때문에 조심해야 합니다.

결론적으로 실거주 아파트를 매수한다면, 다음 두 가지 경우의 수를 따져봐야 합니다.

1. 수익률과 상관없이 내 가족들이 쾌적하게 거주하는 게 우선인가?
2. 신축 아파트에 살면서 돈도 벌고 싶은가? 이를 위해 하락기에 싸게 사서 상승장 말에 차익을 보고 나오려 하는가?

두 번째 경우라면, 상승장과 하락장의 시작과 끝을 정확하게 예측할 수 있어야 합니다. 설사 그렇더라도 투자 사이클이 매우 길어진다는 점에서 효율성이 떨어집니다.

개인적으로 이번 상승장의 말은 2030년으로 봅니다. 2025년 기준 다음 상승장의 시작이 약 10년 후라고 가정한다면, 그때의 여러분은 과감하게 투자할 수 있는 나이인가요?

여러분은 지금 어떤 선택을 해야 할까요? 지금은 상승장 초반이기 때문에 늦지 않았습니다. 제대로 판단하고 과감하게 결단해야 합니다.

TIP 2

상가 재건축 투자 >>> 주택 투자

부동산 투자 유형 가운데 대출 의존도가 높지만 비교적 안전해 긍정적인 결과를 안겨주는 것이 있다. 바로 비주택(상가, 건물 등) 투자다(여기서는 그중 노후구분상가 투자를 다룬다. 건물 투자는 4장을 참고하라). 부자들은 원리금 상환 때문에 현금 흐름이 막히는 주택 투자 대신 신용대출처럼 이자만 납부해도 되는 비주택 투자를 선호한다. 특히 레버리지를 극대화해 단기간에 큰 수익을 만들어낸다.

비주택 투자 이론과 기술은 《수도권 비주택 투자 수업》에서 충분히 설명했다. 요약하자면 신축 구분상가나 근린생활시설, 지식산업센터, 오피스텔 등이 아니라 재건축이 가능한 노후 구분상가에 투자해야 한다는 것이다. 주택 투자 대비 노후 구분상가 투자의 장점을 나열하면 아래와 같다.

1. 주택 일변도의 규제에서 자유롭다.
2. 여러 채를 매수해도 세금 중과, 대출 제한(매매가의 50% 대출)이 없다.

3. 상가 재건축의 경우 도정법이 아닌 건축법을 적용받는다. 즉 도정법의 각 단계를 거칠 필요가 없어 정비사업의 속도가 빠르다.

4. 주택정비사업의 분양가 상한제, 재건축 초과이익 환수제 등의 규제를 적용받지 않아 속도가 빠르고 수익이 크다.

5. 매매가의 50%까지 대출받을 수 있어 소액 투자가 가능하다. 이자는 월세로 충당하고도 남는다.

6. 대부분 상업지역, 준주거지역, 준공업지역 등 높은 용적률을 받을 수 있는 곳에 있어 정비사업성이 주택에 비해 뛰어나다.

7. 부동산은 원칙적으로 상업지역이 가장 크게 오르는 경향이 있다. 따라서 아파트(2~3종일반주거지역)보다 기간 대비 수익률이 높다.

8. 재건축이 아니더라도 디벨로퍼에게 통매각하는 방식으로 수익화가 가능하다. 이 경우 상가 재건축보다 수익률이 높다.

9. 도시개발계획상 거점의 상업지역은 개발이 왕성해 설사 내 상가가 재건축되지 않더라도 지가 상승의 폭이 크다.

10. 대출 의존도가 높지만 이자 부담이 낮은 특성 덕분에 하락기에도 시세 방어가 잘되고 오히려 9번의 이유로 가격이 오른다.

최근 강도 높은 규제 정책이 연일 나오고 있지만 걱정할 필요 없다. 규제를 강하게 한다는 것은 지금 상승장이 왔다는 의미이기 때문이다. 또한 우리는 지난 상승장을 통해 충분히 학습했다. 규제가 많아질수록 불안심리 때문에 투심은 더욱 활활 타오르고, 그 결과 급격하게 오른다

서울시, 도시정비형 재개발사업 대상지 확대… 높이용적률 합리적 개선

- 17일(수) 「2030 도시 · 주거환경정비기본계획」 변경안, 제15차 도시계획위원회 통과
- 규제철폐 139호 법적 실행 핵심 절차, 불합리한 규제개선으로 도심기능회복·도시경쟁력 강화
- 정비가능구역 창동·상계, 강남, 잠실까지 확대 … 영등포 최고높이 철폐, 광역·지역 기준높이↑
- 허용용적률 1.1배까지 상향 … 비주거 의무 비율 축소, 시니어주택 인센티브 신설 등

現 기본계획	변경(안)
 ※ 범역 내 상업지역,준주거지역,준공업지역 대상	 ※ 범역 내 상업지역,준주거지역,준공업지역 대상
(도 심) 영등포 (광역중심) 가산·대림, 용산, 청량리·왕십리 (지역중심) 신촌, 연신내·불광, 사당·이수, 성수, 봉천, 천호·길동, 동대문	(도 심) 영등포, 강남(추가) (광역중심) 가산·대림, 용산, 청량리·왕십리, 잠실, 창동·상계(추가) (지역중심) 신촌, 연신내·불광, 사당·이수, 성수, 봉천, 천호·길동, 동대문(변경 없음)

'도시정비형 재개발'은 도심 기능이 저하된 상업지역, 준주거지역, 준공업지역을 개발한다는 의미다.
출처: 서울시

는 사실을 말이다.

현 정부가 출범하면서 내놓은 규제 정책들의 원문을 자세히 살펴보면 그 대상은 대부분 주택에 집중되어 있으며, 원문 곳곳에 **"노후계획도시 재건축 활성화"**, **"노후 상가 재건축 활성화"**라는 문구가 지속적으로 등장한다. 이는 꼭 투자하고 싶다면 노후계획도시와 노후 상가에만 하라는 의미다. 참고로 노후계획도시는 대부분 주택이어서 규제 대상처럼 보

이지만 결국 특례법을 통해 투자의 길을 열어줄 것이다. 투심이 죽으면 노후계획도시 사업을 빠르게 완성할 수 없기 때문이다.

일반적으로 노후 구분상가는 도시정비형 재개발 대상지가 될 수 있다. 2025년 8월, 서울시는 창동·상계, 강남, 잠실의 상업지역을 도시정비형 재개발 대상지에 포함했는데, 업계에서는 해당 지역의 노후 빌딩 개발이 수월해질 것으로 전망하고 있다. 서울시가 공식 문서를 통해 상가 재건축 활성화를 지원하겠다고 밝힌 것과 다름없기 때문이다. 투자자라면 이런 문구에 민감하게 반응해야 남들보다 저렴하게 좋은 매물을 선점할 수 있다.

지금부터 이해를 돕기 위해 상가 재건축 사례 몇 가지를 소개하겠다.

사례 1. 강남구 개포택지개발지구 노후 상가 재건축

많은 사람이 개포택지개발지구 재건축은 개포주공아파트에만 적용되는 것으로 알고 있지만, 사실 도시개발계획은 주거지 사업과 함께 신규 입주민들을 위한 상권 개발도 늘 함께 고려한다. 다음 사진은 노후 구분상가가 재건축된 모습으로, 단기간에 큰 수익이 발생했다.

노후 상가 재건축으로 돈을 번 사례가 나오자 인근에서 바로 노후 상가 재건축을 추진하고 있다. 현재는 이미 철거가 완료되었는데, 내 고객들은 해당 지역 내 구분상가를 2022년에 매수했다.

개포동 186-13번지 일원 건물의 현재 모습(위) 및 개발 전 모습(중간)과 개포동 186-16번지 일원 현대빌딩의 재건축 모습(아래)
출처: 네이버지도

사례 2. 강남역 노후 오피스텔 디벨로퍼 매입 사례

개포택지개발지구의 사례처럼 노후 비주택 투자도 재건축을 통해 충분히 수익을 낼 수 있다. 그러나 개인 투자자보다 자금력과 보상 능력이 뛰어난 디벨로퍼에 의한 통매입이 수익 면에서 훨씬 유리하다. 이번에 소개할 노후 오피스텔 개발 사례는 알면 알수록 굉장히 놀라울 것이다.

아래 등기부등본를 보면 해당 오피스텔을 2021년 1월에 에스케이디앤디주식회사라는 디벨로퍼가 9억 7,000만 원을 주고 매수했다는 것을 알 수 있다. 매도자는 약 8년 전인 2012년 1월에 채 1억 원도 안 되는 금액으로 오피스텔을 매수했으니, 10배에 가까운 보상금을 받은 셈이다. 비주택은 매매가의 50%까지 대출이 나오기 때문에 실투자금 5억 원으로 오피스텔 10채를 매수했다면 보상금을 100억 원 정도 받

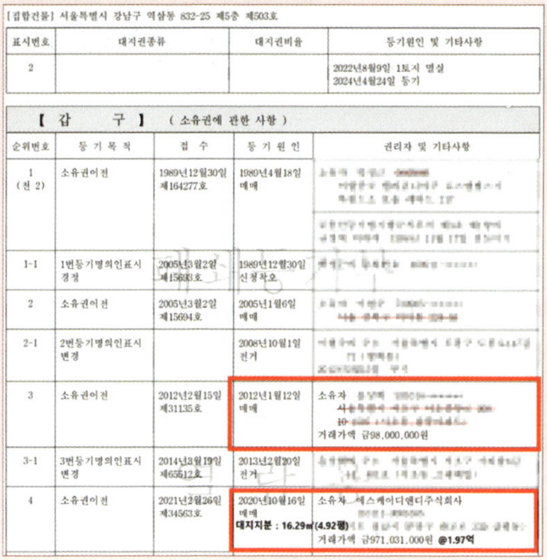

[집합건물] 서울특별시 강남구 역삼동 832-25 제5층 제503호

표시번호	대지권종류	대지권비율	등기원인 및 기타사항
2			2022년8월9일 1토지 멸실 2024년4월24일 등기

【 갑 구 】 (소유권에 관한 사항)

순위번호	등 기 목 적	접 수	등 기 원 인	권리자 및 기타사항
1 (전 2)	소유권이전	1989년12월30일 제164277호	1980년4월18일 매매	
1-1	1번등기명의인표시경정	2005년3월2일 제15693호	1989년12월30일 신청착오	
2	소유권이전	2005년3월2일 제15694호	2005년1월6일 매매	
2-1	2번등기명의인표시변경		2008년10월1일 전거	
3	소유권이전	2012년2월15일 제31135호	2012년1월12일 매매	소유자 거래가액 금98,000,000원
3-1	3번등기명의인표시변경	2014년3월19일 제65512호	2013년2월20일 전거	
4	소유권이전	2021년2월26일 제34563호	2020년10월16일 매매 **대지지분 : 16.29㎡(4.92평)**	소유자 에스케이디앤디주식회사 거래가액 금971,031,000원 **@1.97억**

매매가 9,800만 원의 노후 오피스텔이 약 9억 7,000만 원에 매각된 사례

역삼동 832-25번지 일원 부지의 철거된 모습(위)과 개발 전 오피스텔 모습(아래)
출처: 네이버지도

았을 것이다. 대출금 5억 원에 대한 이자는 월세로 충당하면 된다. 여기에서 중요한 점은 디벨로퍼가 호마다 평당 약 2억 원의 보상금을 책정했다는 것이다.

다음 기사는 최근 재건축을 추진하는 경도빌딩의 사례를 소개한다.

다만 여의도 상권의 특수성을 고려할 때 사업 추진이 녹록지 않다는 분석도 나온다. 건물 전체가 구분상가라 소유주만 수십명에 이르고 이들과 임대차 계약을 맺은 상가 입주자까지 감안하면 협의 당사자만 100여명에 육박하기 때문이다.

이번에 조달한 자금이 올해 1월 책정한 공시지가를 밑도는 것도 눈여겨봐야 할 대목이다. 서울시 부동산 정보광장에 따르면 경도빌딩의 1㎡당 공시지가는 3078만원으로 연면적 기준 전체 건물 가격은 1659억원이라는 계산이 나온다.

부동산 업계 관계자는 "서울 서초동에서 상가건물 소유권 이전에만 2000억원 이상의 브리지론을 끌어다 쓴 사례가 있다"며 "경도빌딩 재건축을 위한 브리지론은 본격적인 소유권 이전보다 사업 초기 비용 성격으로 해석하는 것이 합리적"이라고 분석했다.

디알엠씨티 관계자는 "사업에 대한 구체적인 내용은 공개할 수 없다"고 말했다.

영등포구 여의도동 상가 재건축의 대표 사례로 떠오르고 있는 경도빌딩(위). 여의도동 경도빌딩 관련 기사(아래)를 보면 상가 재건축 시 필요한 보상금을 가늠할 수 있다.
출처: 블로터

여의도 상업지역은 현재 평당 2억~4억 4,000만 원 정도에 거래된다. 기사의 아래에서 두 번째 단락을 보면 "서울 서초동에서 상가건물 소유권 이전에만 2000억원 이상의 브리지론(대출)을 끌어다 쓴 사례가 있다"라고 설명한다. 즉 구분상가주들에게 막대한 보상금을 주느라 건물 매입 비용(건축비 등 제외)으로만 2,000억 원 넘게 썼다는 것이다. 여담이지만 똑같이 2,000억 원을 쓴 서초동 건물은 이미 두 배 가까운 마진을 확보했을 정도로 주변 시세가 크게 올랐다.

사례 3. 준공업지역 상가 재건축 수익 사례

성동구 성수동의 땅값이 평당 3억 원이 된 것은 지리적 이점에 더해 준공업지역이라는 강점 덕분이다. 낡은 공장부지들이 IT 일자리로 탈바꿈하면서 구매력이 높은 인구가 유입되었던 것이다.

본래 준공업지역은 일자리용 땅이라서 주택을 개발할 수 없었다. 예외적으로 개발하더라도 준공업지역의 원 용적률인 400%가 아니라

용적률 400%·복합개발 허용…서남권 준공업지역 개발 탄력

내 손안에 서울　발행일 2024.11.07. 18:10　수정일 2024.11.07. 18:19　조회 13,639

주거용적률 최대 400%까지 상향…기준·허용용적률도 20%씩↑

준공업지역 내 공동주택 건립을 위한 지구단위계획(부지 3천㎡ 이상 대상) 수립 시 **최대 용적률**을 현행 250% 이하에서 **400%까지** 높이는 등 규제를 대폭 풀어 사업성을 개선한다.

기준·허용용적률도 현행 210%, 230%에서 230%, 250%로 각각 **20%씩 상향 조정**한다. 상향 조정한 허용용적률 20%는 공공보행통로, 열린단지 등 '개발사업형(공동주택 건립형) 지구단위계획 수립기준'에서 정한 항목을 적용한다.

준공업지역 내 아파트 개발도 용적률을 400%로 완화해 사업성이 개선되었다.
출처: 서울시

200~250% 수준의 용적률만 인정되었다.

하지만 이제는 주택을 개발하더라도 400% 이상의 용적률을 받게 되어 그 활용 가치가 준주거지역과 거의 대등해졌다. 한마디로 훨씬 돈이 되는 땅이 되었다. 투자자라면 지역에 대한 편견을 버리고 유연하게 투자할 수 있어야 한다.

고척공구상가는 서울 25개 자치구 중에서 가장 소액으로 투자할 수 있는 구로구의 준공업지역 노후 구분상가 비주택이다. 아직 재건축 사업 초반 단계이지만 시세가 벌서 세 배 가까이 상승했다.

다음 시세 목록을 보면 평당 5,000만 원에서 3,000만 원으로 떨어진 것처럼 보인다. 하지만 평당 5,000만 원은 1층 상가를, 평당 3,000만 원은 2층 상가를 의미한다(일반적으로 권리금이 비싼 1층 상가가 2층 상가보다 시세가 높다). 재건축 추진 전의 왼쪽 시세와 재건축 추진 후의 오른쪽 시

고척공구상가의 사례처럼,
시세가 낮은 구로구에서도
상가 재건축이 진행 중이다.

거래일	거래	단가	동/층	상세
16.10.11~20	매매	1,836만/평	1층	>
16.08.1~10	매매	1,138만/평	2층	>
16.07.1~10	매매	1,377만/평	2층	>
16.04.11~20	매매	1,101만/평	2층	>
16.03.11~20	매매	1,285만/평	2층	>
16.02.11~20	매매	1,377만/평	2층	>
15.07.11~20	매매	2,112만/평	1층	>
15.07.11~20	매매	1,818만/평	1층	>
15.06.11~20	매매	2,203만/평	1층	>
15.06.1~10	매매	1,469만/평	1층	>
15.04.11~20	매매	1,157만/평	2층	>
15.04.1~10	매매	1,652만/평	1층	>
15.03.21~31	매매	1,836만/평	1층	>

거래일	거래	단가	동/층	상세
25.08.25	매매	3,985만/평	층	>
25.07.07	매매	3,856만/평	층	>
25.06.19	매매	3,856만/평	층	>
25.06.13	매매	3,856만/평	층	>
25.05.19	매매	3,342만/평	층	>
25.05.15	매매	3,893만/평	층	>
25.04.10	매매	3,581만/평	층	>
25.02.11	매매	4,407만/평	층	>
25.02.11	매매	3,342만/평	층	>
25.01.08	매매	5,509만/평	층	>
25.01.08	매매	4,591만/평	층	>
24.07.16	매매	4,407만/평	층	>
24.07.15	매매	5,693만/평	층	>
24.07.15	매매	5,693만/평	층	>

평당 1,000~2,000만 원짜리 상가가 재건축 이슈로 평당 3,000~5,000만 원까지 급등했다.

출처: 부동산플래닛

세를 비교해야 한다.

최대한 쉽게 설명했지만 실제 투자는 쉽지 않다. 기본적으로 상가는 산전수전 다 겪은 투자자들의 영역이기 때문에 매물을 제대로 볼 줄 아는 실력이 있어야 단기간에 큰 수익을 낼 수 있다. 그렇다고 포기할 필요는 없다. 생각보다 부동산 전업 투자자들의 실력이 좋지 않기 때문에 우리가 독점할 수 있는 기회는 여전히 많다.

3장

발바닥에 사서 정수리에 파는 방법

발바닥에서 매수해 정수리에서 매도하는 것은 모든 투자자의 꿈일 것입니다. 이처럼 매번 정확하게 최대 폭의 수익을 만들 수는 없어도, 최소한 발목에서 매수해 가슴에서 매도하는 것은 어느 정도 가능합니다.

안정적으로 수익을 내기 위해서는 '매수·매도 적정가'를 정확하게 판단할 수 있어야 합니다. 제 세 번째 저서《다시 시작하는 투자》에 그 방법이 자세히 나와 있으니, 3장의 내용이 어렵게 느껴진다면 저 책을 참고하길 바랍니다. 수익을 극대화하기 위해서는 반드시 매수·매도 적정가 판단법과 부동산 시세 형성의 원리를 먼저 알아야 합니다. 핵심 내용 위주로 예시를 더해 최대한 쉽고 간결하게 설명하겠습니다.

분양가의 비밀

여러분은 **노원구 신축 아파트**(서울원 아이파크)의 분양가가 평당 3,900만 원인 것에 대해 어떻게 생각합니까? 또는 **광명시 철산동 신축 아파트**(철산 자이 더 헤리티지)의 2025년 11월 실거래가가 평당 5,600만 원을 기록한 것에 대해 어떻게 생각합니까?

많은 사람이 노원구와 광명시에 대한 편견 때문에 가격 거품이 심하다고 비난하겠지만, 현실에서 시장은 해당 가격을 받아주는 분위기입니다. 지금까지 외면받았던 서울 외곽 지역과 경기도, 심지어 지방 광역시의 신축 아파트 시세는 상상 이상으로 높아질 것입니다.

부동산 커뮤니티나 언론은 예상외의 지역에 신축 아파트가 분양되면 무조건 미분양이 될 것처럼 말합니다. 설사 완판되더라도 이를 쉽게 인정하지 않습니다.

노원구를 대표하는 신축 아파트인 서울원 아이파크 조감도
출처: 현대산업개발

2025년 11월에 평당 5,600만 원대를 기록한 철산자이 더 헤리티지

그렇다면 신축 아파트 가격의 출발선이 되는 분양가는 과연 누가 결정할까요?

국가공인자격증이 있는 감정평가사가 계산하고 정부 산하기관인 허그HUG에서 결정합니다. 그런즉 우리는 비전문가인 언론과 부동산 커뮤니티의 반응에 귀 기울일 필요가 없습니다. 오히려 그들이 비난할 때 과감하게 결정할 수 있어야 합니다.

그렇다면 지금 당장 서울원 아이파크나 철산자이 더 헤리티지에 투자해야 할까요? 지난 부동산 사이클을 돌아보면 신축 대장 아파트 주변의 재건축 아파트들이 가격 면에서도 매력적이었고 시세 상승률 또한 높았습니다. 따라서 비싸게 신축 아파트를 매수할 바에야 재건축 예정인 상계주공·창동주공아파트에 투자하는 것이 훨씬 나은 선택이라고 생각합니다. 물론 지금 시점(2025년 12월 기준)으로 보면 상계주공·창동주공아파트도 하락장 대비 소폭 상승해 발목 가격이 아닌 무릎 가격이기 때문에 여기에 투자할 자금이 있다면 다른 전략을 제시하고 싶습니다.

앞으로는 '수도권 재건축 예정 아파트(실투자금 2억 원으로 진입 가능하고, 빠르게 15억 원이 될 아파트)+서울 최상급 도심거점(강남구, 서초구, 영등포구, 종로구, 중구)에서 도시개발계획상 정합성이 있을 뿐 아니라 사업성이 뛰어나 빠르게 재건축될 비주택(실투자금 2억 원 정도)'에 분산 투자하는 방법을 권합니다.

땅값의 비밀

지금부터는 땅(건물, 주택 등)의 가격이 어떤 원리로 오르고 내리는지 설명하겠습니다. 조금 전에 설명했던 분양가 산정 원리와도 관련된 내용입니다.

노원구 신축 아파트인 서울원 아이파크의 분양가가 평당 3,900만 원으로 결정된 것은 상업지역 땅값을 반영한 결과입니다. 다음 이미지는 땅값의 상승 및 하락 원리이자, 땅값의 서열을 나타냅니다.

대한민국에서 최고 비싼 땅은 건물을 가장 높이 올릴 수 있어 결과적으로 막대한 분양 수익을 안겨주는 상업지역(용적률 600~1,300%)입니다. 그다음 준주거지역(용적률 400~500%), 준공업지역(원칙적으로 400%지만, 최대 500%), 일반주거지역(원칙적으로 최대 300%), 개발제한구역(별도의

동일 입지 내라면 예외 없이 '상업지역→일반주거지역→개발제한구역' 순으로 땅값이 형성됩니다.

인허가 필요) 순으로 서열화됩니다. 땅값의 상승 또한 이 순서를 따릅니다. 당연히 시세 하락은 역순으로 진행됩니다.

즉 상업지역이 가장 먼저 그리고 가장 많이 오르고, 개발제한구역은 사실상 투자 대상이 아니므로, 흔히 아파트가 있는 일반주거지역이 가장 마지막에 그리고 가장 적게 오릅니다.

또한 상업지역의 높은 땅값은 그 배후 지역의 땅값에도 영향을 미칩니다(이때도 준주거지역→준공업지역→일반주거지역 순입니다). 어떤 상업지역이 도시개발계획에 의해 중요한 신규 거점으로 지정되어 막대한 인센티브를 부여받아 사업성이 엄청나게 좋아져 활발하게 개발되면, 해당 상업지역의 땅값부터 폭발적으로 오르고, 그 결과 배후주거지의 땅값도 상승해 분양가와 주택 가격이 모두 오르는 결과를 낳는 것입니다.

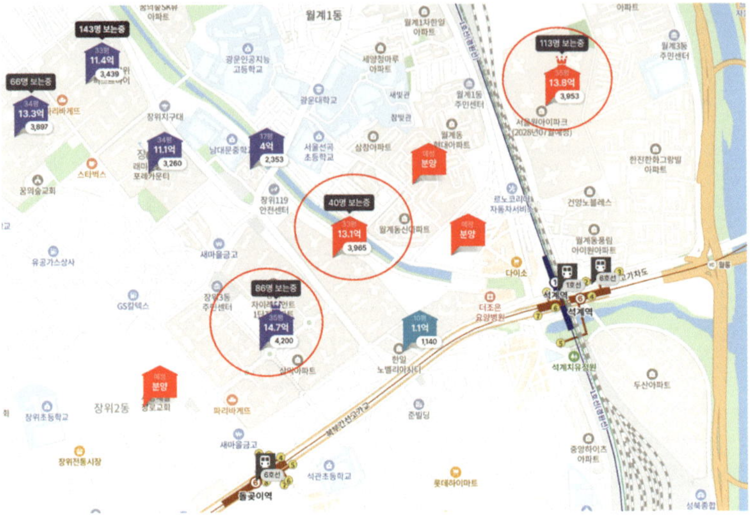

2025년 11월 노원구 월계동과 성북구 장위동의 신축 아파트 시세
출처: 호갱노노

대한민국의 거의 모든 도시가 이러한 과정을 통해 성장했다고 봐도 무방합니다. (더욱 자세한 내용은《강남 되는 강북 부동산은 정해져 있다》《수도권 비주택 투자 수업》《다시 시작하는 투자》에 담겨 있습니다.)

사실 서울원 아이파크 개발은 광운대역세권 개발사업이라는 거점사업의 일환입니다. 결국 정책결정자(정부, 서울시 등)의 인센티브 부여로 상업지역의 활용도가 높아지며 역세권 땅값이 크게 올랐고, 그 결과 서울원 아이파크의 분양가와 장위뉴타운 신축 아파트의 시세도 덩달아 오른 것입니다.

감정평가사가 이 가격을 분양가에 반영한 다음 정부 산하기관인 허

그가 승인했는데, 비전문가인 언론과 부동산 커뮤니티만 납득하지 못하는 이상한 상황이 펼쳐지고 있습니다. 신축 아파트의 시세를 받아들이든 못 받아들이든 이것은 결국 시장이 판단할 몫입니다. 투자로 돈을 벌어야 하는 우리로서는 언론이나 부동산 커뮤니티에 휩쓸릴 게 아니라 가격이 오르내리는 원리를 숙지하고 투자할 곳을 잘 찾는 게 중요합니다.

앞서 설명한 원리 덕분에 광운대역세권 개발사업지 인근의 재건축 단지들이 향후 가장 큰 수혜를 누리게 될 것입니다. 광운대역세권 개발사업은 이제 막 시작되었고 인근 아파트들의 재건축 또한 초반 단계이기 때문에 도시개발계획상 정합성이 충분하고, 재건축 사업성이 우수하며, 가격이 적정가 범주에 있는 아파트를 매수한다면 시간이 흘러 '**강남 되는 강북 부동산**'의 주인이 될 것입니다.

지금까지 매우 중요한 기본 원리들을 설명했습니다. 난해하다고 느끼는 분이 있을지 모르겠습니다. 하지만 분명한 사실은 지금까지 나눈 내용 덕분에 대중의 마인드를 점차 부자의 마인드로 바꾼 분들이 많다는 것입니다. 그러니 조금만 더 힘을 내십시오.

급이 같으면 가격도 같아진다

향후 폭발적으로 오를 곳을 저점에 선점하는 기본 원리를 설명하겠습니다. 편견 없이 받아들인다면 쉽게 이해할 수 있을 것입니다.

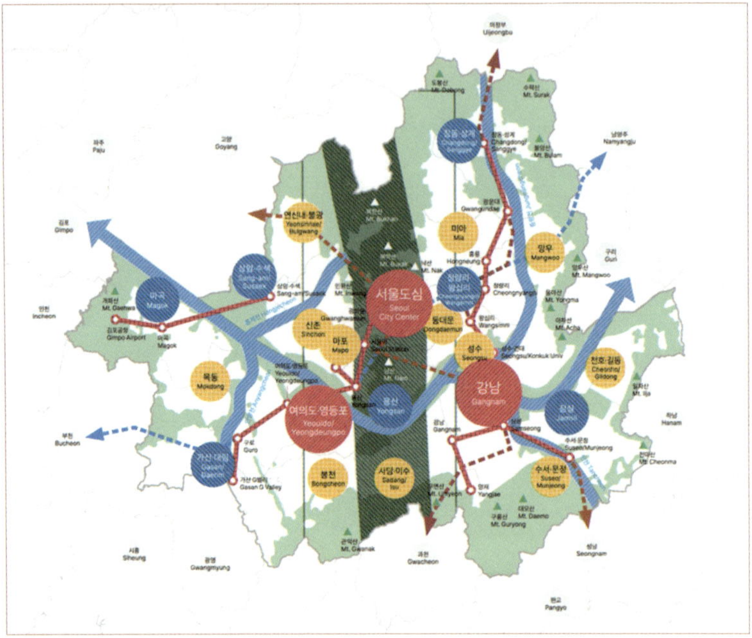

서울시 도시개발계획상 위계

출처: 서울시

위 이미지는 서울시의 도시개발계획상 거점을 표시한 것입니다. 빨간색 원은 3도심(서울도심, 강남, 여의도·영등포)이고, 파란색 원은 7광역중심(용산, 가산·대림, 마곡, 청량리·왕십리, 상암·수색, 잠실, 창동·상계)입니다. 3도심에 대한 설명은 TIP 3에서 할 테니, 이번에는 투자자에게 그보다 더 중요한 7광역중심을 설명하겠습니다.

3도심은 누구나 인정하는 상급지입니다. 7광역중심의 경우 용산, 청량리·왕십리, 잠실은 누구나 인정하는 상급지이지만, 상암·수색, 마곡부터 평가가 엇갈리기 시작합니다. 특히 창동·상계와 가산·대림에 대해서는 저주에 가까운 부정적인 전망뿐입니다.

그러나 원론적으로 보자면, 평범한 사람들이 인식하는 입지에서 차이가 나더라도 거점의 급이 같으면 시간이 흘러 상업지역의 가격은 동일해집니다. 상업지역의 가격은 결국 배후주거지에 영향을 미치므로, 똑같은 원리로 일반주거지역의 가격도 상승하게 됩니다.

이 원리를 정확히 이해하기 위해서는 사례 공부를 많이 해야 하나, 일단은 즉각적인 이해를 돕기 위해 가장 명확한 사례를 들어 설명하겠습니다.

서울시의 7광역중심은 모두 급이 같지만 지역이 모두 다릅니다. 개중에는 우리가 보기에 급이 떨어지는 곳들도 있습니다. 시간이 흐르면 가격이 비슷해진다는 말이 쉽게 공감되지 않을 것입니다.

가격은 왜 비슷해질까요?

앞서 설명했듯이 감정평가사들은 분양가를 산정할 때 거점 개발에 따라 상승한 땅값을 기계적으로 반영합니다. 왜 올랐는지, 해당 지역이 어디인지 따지지 않죠. 하지만 우리는 누가 어떤 이유로 땅값을 상승시키는지 알아야 합니다. 그래야 땅값이 오르기 전에 선점할 수 있습니다. 규제 발표 직전에 매수하는 것과 비슷하다고 보면 됩니다.

게다가 서울시는 도시개발과 관련해 대한민국의 여는 도시들보다 엄격하게 평가하고 인허가를 내줍니다. 거쳐야 할 단계도 많고 기준도

첨단 도시 느낌이 나는 중산층의 도시 성수동

깐깐해 지방에서만 투자해온 투자자들은 종종 이해할 수 없다는 반응을 보일 정도입니다. 이토록 엄격한 기준을 고수하는 이유는 서울시가 대한민국의 수도 역할에만 그치지 않고 국제적으로 표준이 될 만한 도시가 되고자 노력하기 때문입니다. 특히 도시 미관과 스카이라인에 신경 쓰고 있어서 다른 도시라면 쉽게 인허가를 받을 사항도 서울에서는 불허되는 경우가 많습니다.

이쯤에서 깊이 생각해볼 문제를 하나 내보겠습니다. **마포구 염리동, 아현동, 공덕동 및 성동구 성수동**은 어떠한 이미지인가요? 2020년 이후 부동산에 관심을 품기 시작한 분들은 중산층이 주를 이루는 세련된 도시

2025년의 문래동. 과거의 성수동은 이와 매우 비슷한 모습이었습니다. 상상할 수 있나요?

를 떠올릴 것입니다. 누군가가 이들 지역을 가리켜 2010년대만 해도 좋은 입지가 아니었는데 천지개벽했다고 증언하더라도, 현재의 이미지가 강하게 박힌 사람들은 원래 좋은 입지였기 때문에 쉽게 개발되었으리라고 믿어 의심치 않습니다.

그럼 지금의 영등포구 문래동, 영등포동, 도림동은 어떤 이미지인가요? 도시개발계획을 명확하게 파악하거나 투자 감각이 뛰어난 사람이라면 잠재력이 큰 지역으로 생각하겠지만, 깨끗한 정주환경과 양질의 상권, 거주민들의 동향으로 부동산 서열을 가리는 사람이라면 교통 접근성이 좋은 것 외에는 후한 점수를 주지 않을 것입니다.

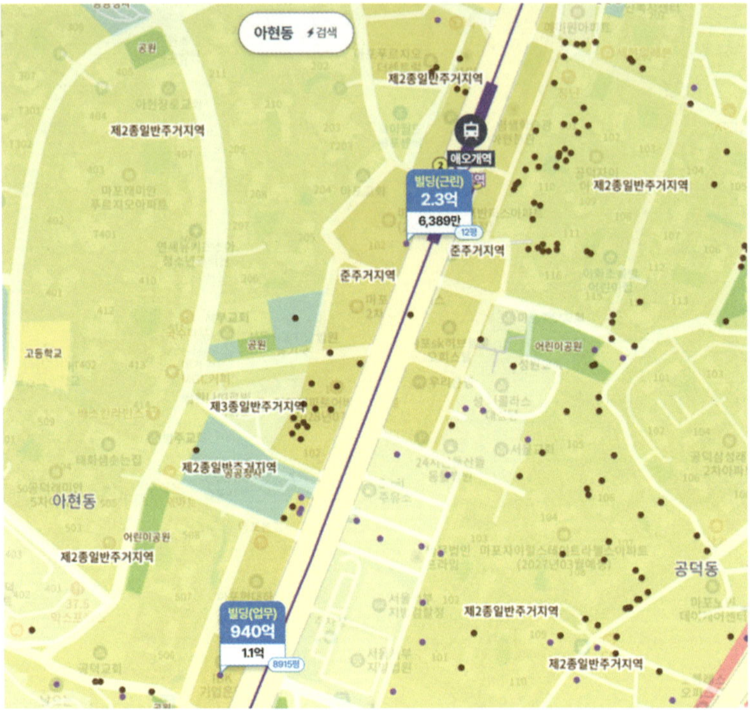

2006~2012년 5호선 애오개역 준주거지역 시세
출처: 부동산플래닛

영등포구 문래동, 영등포동, 도림동에 대한 이 엇갈리는 이미지가 2010년대에는 마포구 염리동, 아현동, 공덕동 및 성동구 성수동의 이미지였습니다. 도시개발계획을 미리 알고 용기 내 성수동에 투자한 사람들은 손에 꼽을 정도였습니다.

당시를 돌아보면, 종로구 및 중구의 일자리를 여의도와 연결하는

2006~2012년 수인분당선 서울숲역 상업지역, 준공업지역 시세
출처: 부동산플래닛

중간 거점이었던 마포구의 5호선 역세권에 포함된 빌딩 가격이 평당 6,000만~1억 원이었습니다. 성수동의 공장부지 시세는 정말 잘 쳐봐야 평당 3,000만 원이었습니다(이면도로와 접한 이면부 공장부지 시세는 평당 1,000만 원 내외). 그런데 지금의 갤러리아포레 및 주변 부지 시세를 그 두 배 이상인 평당 6,000~8,000만 원으로 산정했으니, 너무 비싸다는 인식이 강했습니다.

그런데 2006년 기준 지역중심지가 아니었던 성수동이 2014년 지역

[표 2-7] 1990년대 이후 중심지 지정 변화과정

구분	2000년대를 향한 서울도시기본계획 (1990)	2011 서울도시기본계획 (1997)	2020 서울도시기본계획 (2006)	2030 서울플랜 (2014)	2040 서울도시기본계획 (2023)
도심	도심(사대문 안)	도심(사대문 안)	도심(사대문 안)	한양도성 영등포·여의도 강남	서울도심 여의도·영등포 강남
부도심 ('14년 이후 광역 중심)	영동 영등포 잠실 청량리 신촌	용산 왕십리·청량리 영동 영등포 (2011년 이후 수색)	용산 왕십리·청량리 영동 영등포 상암·수색	용산 청량리·왕십리 창동·상계 상암·수색 마곡 가산·대림 잠실	용산 청량리·왕십리 창동·상계 상암·수색 마곡 가산·대림 잠실
지역 중심	-	망우, 미아, 상계, 공덕, 신촌, 연신내, 목동, 대림, 사당·남현, 잠실, 천호·길동	망우, 미아, 상계, 공덕, 신촌, 연신내, 목동, 대림, 사당, 잠실, 천호, 전략육성지 (마곡, 문정)	동대문, 성수, 망우, 미아, 연신내·불광, 신촌, 마포·공덕, 목동, 봉천, 사당·이수, 수서·문정, 천호·길동	동대문, 성수, 망우, 미아, 연신내·불광, 신촌, 마포·공덕, 목동, 봉천, 사당·이수, 수서·문정, 천호·길동

서울 지역중심지 체계 변천사

출처: 서울시

중심지로 격상되었습니다. 당시 서울시는 성수전략정비구역 및 서울숲 확장 개발에 공을 들이기 시작했는데, 눈치 빠른 투자자들은 서울시의 의도를 간파하고 전략적으로 성수동의 매물을 매수하기 시작했습니다.

오늘날 마포구 염리동, 아현동, 공덕동 및 성동구 성수동의 아파트 시세는 평당 1억 원을 돌파하는 중입니다. 심지어 이면부의 준공업지역 빌라까지 평당 1억 원 이상에 실거래되고 있습니다. (해당 내용은 《수도권 비주택 투자 수업》에서 자세히 다루었습니다.)

용산, 청량리·왕십리, 창동·상계의 미래

성수동의 사례처럼, 서울에서 가장 이미지가 안 좋은 지역 중 하나인 창동·상계의 신축 아파트도 평당 1억 원을 무리 없이 달성할 것입니다. 그 근거는 이렇습니다.

용산은 1997년 발표된 '2011 서울도시기본계획'에서 부도심으로 지정되었고, 이후 이명박 정부 시절부터 개발되기 시작했습니다(서울드래곤시티 사업 등). 국가적 역량이 총동원된 용산은 7광역중심 중에서도 개발의 완성도가 높은 편이고, 평당가 또한 가장 높습니다.

용산역세권 주변 시세를 보면, 상업지역(평당 2억 7,000만 원), 준주거지역(평당 1억 6,000만 원), 일반주거지역(평당 8,799만~1억 3,000만 원) 순으로

2020~2025년 용산역세권 주변 시세
출처: 부동산플래닛

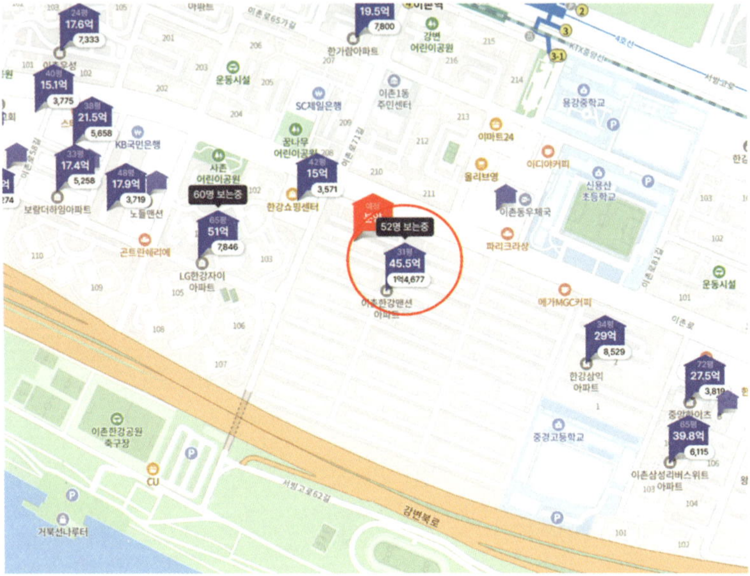

2025년 11월 용산구 이촌동 한강맨션 시세
출처: 호갱노노

서열화되어 있습니다. 지금의 래미안 용산 더 센트럴 일대 부지를 먼저 개발한 덕분에 상업지역 땅값이 평당 1억 원을 돌파하게 되었고, 그 흐름을 이어받은 후속 개발사업지들도 상업지역 기준 평당 2억 원을 돌파하게 되었습니다.

상업지역 땅값이 우상향하자 배후주거지인 용산구 이촌동의 한강맨션(관리처분인가 단계의 재건축 단지) 가격이 요동치기 시작했습니다. 현재 실거래가 기준 평당 1억 4,677만 원인데, 적정가 계산법으로 이를 분석하면 평당 4,000만 원 정도 저렴한 가격입니다. 최근 서울 전역이 규

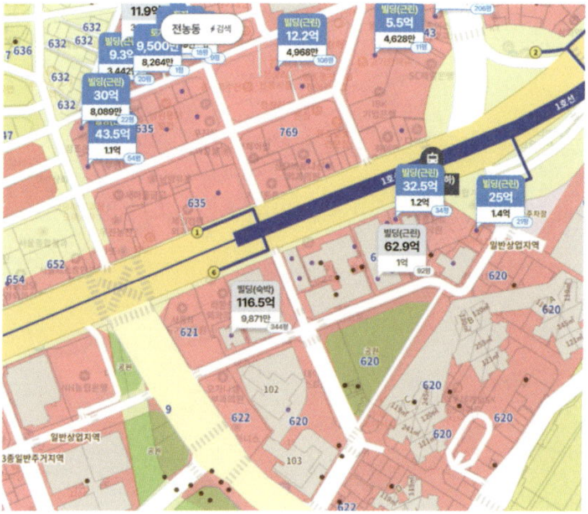

2020~2025년 청량리역 세권 주변 시세
출처: 부동산플래닛

제지역으로 묶이면서 상업지역의 땅값 상승이 배후주거지에 제대로 영향을 미치지 못한 탓으로 보입니다. 규제 때문에 한동안 이 정도 시세를 유지할 듯합니다. (적정가 계산법은《다시 시작하는 투자》에서 자세히 설명했습니다.)

청량리 거점 개발의 핵심은 역세권 주변 집창촌을 도시정비형 재개발(청량리역 롯데캐슬 SKY-L65)로 탈바꿈시키는 것입니다. 이 사업 덕분에 청량리역 일대 상업지역 또한 평당 1억 원을 돌파했는데, 향후 경동시장 일대까지 개발된다면 평당 2억 원도 돌파할 것입니다.

다만 아쉽게도 이곳의 완성도는 용산만큼 높지 않습니다. 청량리역세권 상업지역 건물의 실거래가를 보면, 이면부는 평당 9,871만~1억 원을, 대로변은 1억 2,000만~1억 4,000만 원을 기록하고 있습니다.

한편 지난 상승장 때 좋지 못한 입지로 평가받았던 전농·답십리뉴타운의 재개발 단계 시세가 매우 가파르게 상승한 이유도 상업지역의 땅값이 높기 때문입니다. 다만 책의 서두에서 설명했듯이 이제는 뉴타운 사업(재개발)이 아니라 노후계획도시 사업(재건축)의 시기이기 때문에 이곳에 투자할 자금이 있다면 먼저 다른 곳들과 충분히 비교해보길 바랍니다.

이제부터 소개할 곳은 현실적인 투자처가 될 만하므로, 집중하기 바랍니다. 현재 개발사업이 먼저 시작된 창동역세권 상업지역의 실거래가는 평당 1억 2,000만 원이고 노원역세권의 실거래가는 평당 1억 1,000만 원입니다. 이 시세는 소규모 필지의 개발사업에만 영향받은 것으로, 도시정비형 재개발이 시작된다면 한층 높아질 것입니다. 2025년 8월, 7광역중심 중 창동·상계와 잠실이 도시정비형 재개발 가능 구역으로 추가 지정되었습니다(52쪽 이미지 참고). 향후 도시정비형 재개발 사례가 나오면 배후주거지인 상계주공·창동주공아파트 등에 긍정적인 영향을 미칠 텐데, 해당 아파트들은 노후계획도시 사업도 준비하고 있어서 시너지가 클 것입니다.

특히 창동역과 노원역 일대는 잠실역 일대와 다르게 노후 건물들이 매우 많아 도시정비형 재개발을 하기에 굉장히 유리합니다. 이것이 바로 정부가 보증해 잃지 않을 곳을 저점에 매수하는 방법입니다.

창동·상계의 이처럼 높은 위상은 박원순 서울시장뿐 아니라 오세훈 서울시장도 관심을 보인 결과입니다. 이를 교훈 삼아 비록 당장은 투자

2020~2025년 창동역세권(위) 및 노원역세권(아래) 주변 시세
출처: 부동산플래닛

하기 꺼려지는 지역일지라도 관심을 갖고 도시개발계획을 추적하길 바랍니다. 이제부터는 편견을 버리고 담대한 마음으로 대중과 다른 길을 가십시오. 여러분의 인생을 극적으로 변화시킬 원석을 발견하게 될 것입니다.

결론입니다. 정부의 개발 의지가 강해서 규제를 완화하고 혜택을 늘리는 곳 중 이제 막 지정되거나, 개발이 시작된 곳에만 소중한 자산을 투입해야 합니다.

TIP 3

강남구가 투자 효율이 낮은 이유

《강남 되는 강북 부동산은 정해져 있다》에서 나는 서울시의 도시개발 계획을 명확히 분석하며, 이를 근거 삼아 지난 상승장과 하락장 그리고 지금까지 강남3구의 개발이 서울 다른 지역의 개발처럼 화끈하지 못한 이유를 자세히 설명했다. 이 이야기를 반복하는 것은 무의미하기 때문에 이번에는 서울 3도심에 관한 최신 소식을 전하도록 하겠다. 그것이 투자에 더 실질적인 도움을 줄 것이다.

다음 이미지에 표시된 서울도심, 강남, 여의도·영등포가 바로 3도심이다. 명실상부 서울 최상위 거점이면서 대한민국 최고의 일자리가 모여 있는 땅이기 때문에 부동산 가격(특히 상업지역)이 어마어마하다. (최근 '한양도성'이라는 명칭이 '서울도심'으로 바뀌었다. '한양도성'이라는 표현에서 문화재 규제가 떠오르기 때문인 듯싶다. 물론 이름만 바뀌었을 뿐 서울도심 규제는 여전하다.)

이와 관련해 두 가지 문제를 내겠다. 마음속으로 답해보기 바란다.

우선 첫 번째 문제다.

'2040 서울도시기본계획'에 명시된 서울 3도심의 문제점 및 개발 방향
출처: 서울시

투자금이 동일하다면, 3도심과 7광역중심 중 어디에 투자해야 할까?

1. 3도심: 서울도심, 강남, 여의도·영등포
2. 7광역중심: 용산, 청량리·왕십리, 창동·상계, 잠실, 가산·대림, 상암·수색, 마곡

사실 이 문제는 공부를 많이 한 사람일수록 답하기 어렵다. 3도심은 잘 투자하기만 하면 큰 수익을 낼 수 있지만, 원래 일자리 용도의 땅이어서 그리고 문화재가 집중되어 있어서 워낙 규제가 많은 탓에 시간만 낭비할 가능성도 크기 때문이다.

반면 7광역중심은 3도심에 비해 규제가 거의 없고 3도심 못지않게 혜택이 많아 엄청난 투자 실력이 없더라도 비교적 준수한 수익을 낼 수 있다. 그래서 나는 고객들에게 서울의 왕은 사실상 7광역중심이라고 말한다.

이어서 두 번째 문제다.

투자금이 동일하다면 3도심 중 어디에 투자해야 할까?

1. 서울도심
2. 강남
3. 여의도·영등포

많은 사람이 '2. 강남'을 선택하겠지만, 3장을 읽은 분이라면 섣불리 그래선 안 된다. 거점의 '급'이 같다면, 가장 마지막에 도심으로 지정된 곳이면서 가용 부지가 많은 곳이 투자자에게 유리할 가능성이 크다. 반대로 말하자면, 이미 개발이 상당 부분 진행된 곳은 가격이 비싸고 겉모습만 화려하지, 투자자로서는 먹을 게 별로 없다. 원래 소문난 잔치일수록 먹을 것이 없는 법이다.

3도심에 적용되는 높이 규정을 비교해보면, 왜 그런지 단박에 이해할 수 있다. 이 부분은 투자 수익에 직결되는 만큼 좀 더 자세히 설명하겠다.

여의도·영등포

내가 여의도·영등포를 서두에 둔 이유는 명확하다. 2023년 5월 25일, 서울시는 여의도를 국제금융중심지로 만들기 위한 노력의 일환으로 높이 규정 완화를 발표했다. 그 구체적인 내용은 다음과 같다.

63빌딩의 높이가 249미터인 것을 감안하면, 350미터라는 인센티브가 얼마나 큰 특혜인지 알 수 있을 것이다. 게다가 여의도 상업지역과 그 배후주거지인 여의도 재건축 아파트단지들의 가격은 3도심 가운데 가장 저렴하다. 현재 규정 기준으로 가장 압도적인 높이를 받은 만큼, 여의도의 땅 한 평이 훗날 얼마나 높은 수익률을 기록할지 상상조차 안 된다.

2023. 5. 25.(목) 조간용
이 보도자료는 2023년 5월 24일 오전 11:15부터 보도할 수 있습니다.

동행·매력 특별시 서울

보도자료

담당부서 : 도시계획국 도시관리과

사진없음 □ 사진있음 ▣ 매수 : 9매

직위	성명	연락처
도시관리과장	하대근	2133-8370
도시주거관리팀장	정광재	2133-8396
담 당 자	한인식	2133-8399

서울시, 「여의도 금융중심 지구단위계획안」 공개··용적률 1000% 초과 적용 등 도시건축 규제 완화

- 시, 여의도 지구별 이용현황 및 입지특성 고려··금융중심지역을 4개 지구로 구분해 공간계획방향 마련
- 국제경쟁력 갖춘 금융 투자여건 조성 위해 용적률 인센티브 제공, 용도지역 조정 가능지 지정
- 업무·상업·주거 등 다양한 도시기능 복합화 계획…정주환경 향상으로 금융산업 지원
- 보행 중심의 걷고 싶은 도시환경 조성 위해 개방형 녹지공간 도입 등 입체적인 보행네트워크 계획
- 한강변의 상징적인 경관 거점으로 창의·혁신 디자인 도입해 세계적인 도시경관 창출 도모

2023년 5월 25일, 용적률 1,000% 초과 적용이라는 파격적인 정책이 발표되었다.

출처: 서울시

구역별로 높이 규정이 마련되어 있다.
출처: 서울시

서울도심

투자자라면 서울도심의 옛 명칭이 '한양도성'이었다는 데서 문화재 규제가 가득하리라는 것을 직감해야 한다. 실제로 서울도심은 상업지역의 면적이 서울에서 가장 넓지만 투자하기에는 가장 까다로운 곳이다. 그렇다고 해서 투자할 곳이 아예 없지는 않다. 2023년의 최신 규정에 따라 경관유도지역, 경관관리지역, 경관보호지역 순으로 높이 규정을 완화하고 있다.

경관보호지역의 최고높이는 여전히 40미터이지만 경관유도지역은 규제 일변도에서 벗어나 고도제한을 상당히 완화하고 있다. 구체적인 사례를 살펴보자.

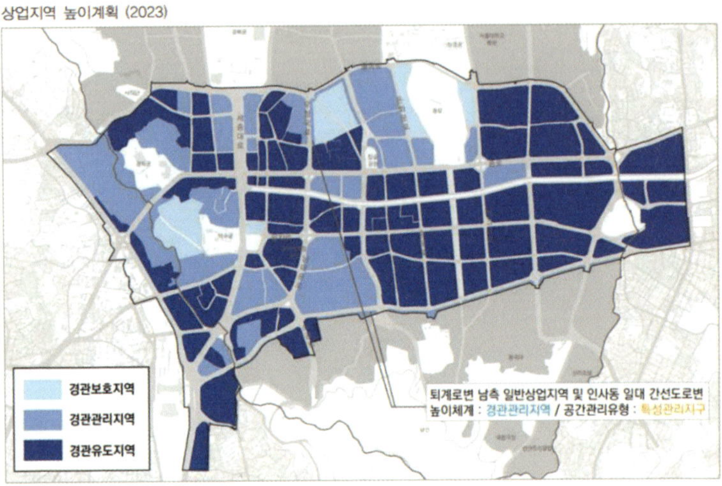

규제 일변도였던 서울도심의 고도제한이 서울도심기본계획으로 완화되었다.

출처: 서울시

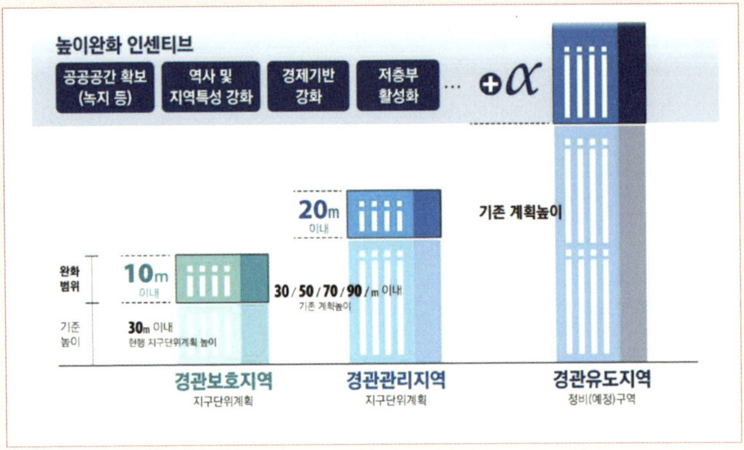

110미터를 초과해 개발할 수 있는 경관유도지역에 주목해야 한다.

출처: 서울시

서울특별시고시 제2023-403호

서소문 도시정비형 재개발구역
제11·12지구 정비계획 결정(변경) 및 지형도면 고시

건설부고시 제368호(1973.9.6.)로 태평로2가 재개발구역 지정 및 건설부고시 제285호(1978.9.26.)로 서소문제2구역 재개발구역 지정되어, 건설부고시 제428호(1978.12.29.)로 태평로2가구역 및 서소문제2구역 변경(통합) 및 재개발사업계획 결정되고, 서울특별시고시 제2022-64호(2022.2.17.)로 정비계획 변경 결정된 서소문 도시정비형 재개발구역 제11,12지구에 대하여 「도시 및 주거환경정비법」 제16조에 따라 2023년 제12차(2023.08.16.) 서울특별시 도시계획위원회 심의를 거쳐 정비계획을 변경하고, 「토지이용규제 기본법」 제8조에 따라 지형도면을 고시합니다.

2023년 09월 14일

서울특별시장

2) 건축시설계획(변경)

구분	구 역 구 분		가구 또는 획지 구분		위 치	주용도	건폐율 (%)	용적률 (%)	높이(m) 최고층수	비고
	명칭	면적(㎡)	명칭	면적(㎡)						
기정	서소문구역 제11,12지구	9,621.1	11,12 지구	7,904.9	서소문동 58-9번지	업무	60이하 (저층부70이하)	600/800/999 이하	90m 이하	-
변경	서소문구역 제11,12지구	9,531.5	11,12 지구	7,924.8	서소문동 58-9번지	업무	50이하	600/800/1,200 이하	176m 이하	-

서소문 도시정비형 재개발구역 제11·12지구(중구 서소문동 58-9번지 일원)의 고도제한 완화

출처: 서울시

위 고시문의 핵심은 이렇다. 최고높이를 기존 90미터에서 176미터로 완화해주겠다는 것이다. 이러면 사업성이 사실상 두 배 가까이 좋아

서소문 도시정비형 재개발구역 제11·12지구의 최신 모습
출처: 네이버지도

진다. 이 고시문이 나왔을 때 주변 비주택을 매수했다면, 매우 저렴한 가격에 선점한 셈이다. 물론 내 고객들은 이미 매수했고 지금은 가격이 상승 중이다. 주변에 덕수궁, 숭례문이라는 굵직한 문화재가 있는데도 규제를 완화해준 것이기에 더욱 의미 있다.

실제로 해당 지역은 철거가 완료되어 활발히 개발 중이다. 고도제한 완화 덕분에 주변 빌딩숲들이 상업지역 재개발을 준비하고 있다. 이 덕분에 땅값은 계속해서 상승할 것이고, 주변 매물을 매수한 투자자들의 수익은 더욱 커질 것이다. 서울시라는 거인의 어깨에 올라타는 방법만큼 확실한 방법도 없다.

아파트 투자가 전부인 사람들에게는 건물을 재개발하는 것이 생소하겠지만 상업지역에서는 흔한 일이다. 무엇보다 아파트에 비해 투자

2020년 7월의 서소문 도시정비형 재개발구역 제11·12지구 모습
출처: 네이버지도

금이 덜 드는데도 수익이 훨씬 크다는 장점이 있기 때문이다.

중요한 사실은 서울도심의 사업성이 대폭 개선되었다고 해도 앞서 소개한 여의도·영등포에 비할 수 없다는 점이다. 서울도심의 최고높이는 176미터로, 여의도·영등포의 최고높이인 350미터와 비교하면 절반 수준에 불과하다.

강남

마지막으로 여러분이 선망하는 강남이다. 강남의 핵심 일자리 거점은 테헤란로 일대다. 2025년 3월 13일, 서울시는 테헤란로 일대를 더욱 웅장하게 만들기 위해 중심상업지역으로 종상향 시 용적률 1,800%

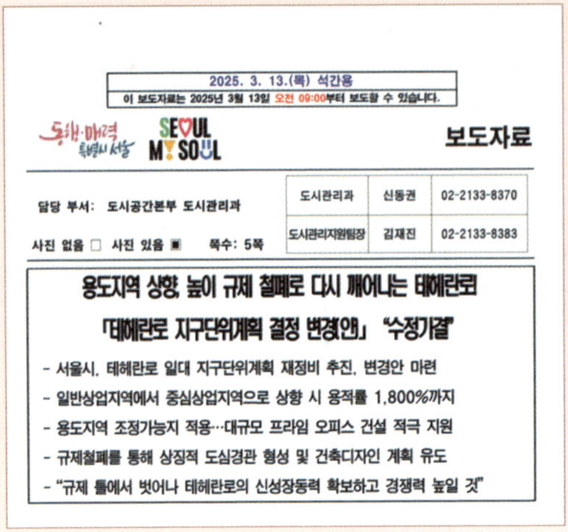

2025. 3. 13.(목) 석간용
이 보도자료는 2025년 3월 13일 오전 09:00부터 보도할 수 있습니다.

동행·매력 특별시 서울 SEOUL MY SOUL

보도자료

담당 부서: 도시공간본부 도시관리과

사진 없음 □ 사진 있음 ▣ 쪽수: 5쪽

도시관리과	신동권	02-2133-8370
도시관리지원팀장	김재진	02-2133-8383

용도지역 상향, 높이 규제 철폐로 다시 깨어나는 테헤란로!

「테헤란로 지구단위계획 결정 변경(안)」 "수정가결"

- 서울시, 테헤란로 일대 지구단위계획 재정비 추진, 변경안 마련
- 일반상업지역에서 중심상업지역으로 상향 시 용적률 1,800%까지
- 용도지역 조정가능지 적용…대규모 프라임 오피스 건설 적극 지원
- 규제철폐를 통해 상징적 도심경관 형성 및 건축디자인 계획 유도
- "규제 틀에서 벗어나 테헤란로의 신성장동력 확보하고 경쟁력 높일 것"

강남에 대한 고도제한 완화는 2025년부터 시작되었다.
출처: 서울시

까지 개발 가능하도록 규제를 풀었다(고도제한 없음).

어째서 용적률을 무려 1,800%까지 풀었는지 그 배경을 이해해야 한다. 강남은 서울을 확장 개발하는 과정에서 오랫동안 전략적으로 키워 온 곳이고, 그러다 보니 이미 과밀화되었다. 따라서 이 조치는 노후 초고층 빌딩을 더 높게 지을 수 있도록 허가해준 것으로 해석해야 한다. 결과적으로 3도심 중에서 가장 파격적인 개발 인센티브를 받은 곳은 여의도·영등포뿐이다.

한편 테헤란로 일대에 있다고 해서 아무 매물이나 사면 안 된다. 특히 상업지역 비주택 투자는 타이밍만 맞는다면 단기간에 크게 오른다는 장점이 있지만, 주택보다 사업성과 적정가격을 훨씬 까다롭게 따져야 하기 때문에 적절한 매물을 찾는 게 쉽지 않다.

강남구 테헤란로
출처: 서울시

테헤란로 일대의 고
층 건축물 3D 지도
출처: 서울시

결론

3도심 지정 순서

1. 서울도심
2. 강남, 여의도·영등포

3도심 상업지역 가격

1. 서울도심: 평당 7~8억 원
2. 강남: 평당 7~8억 원
3. 여의도: 평당 4억 4,000만 원

3도심 고도제한 완화 시기

1. 서울도심: 2023년 9월
2. 강남: 2025년 3월
3. 여의도·영등포: 2023년 5월

3도심 중 건물을 가장 높이 올릴 수 있는 곳

여의도·영등포(350미터)

만약 여러분이 3도심 가운데 딱 한 곳만 투자할 수 있다면? 가장 늦게 도심으로 지정되었지만 고도제한은 가장 먼저 완화되었고, 기존 건축물 높이 대비 인센티브를 가장 많이 받았으며, 상업지역의 가격이 가장 낮은 여의도·영등포의 **노후 빌딩**을 고려하면 좋겠다.

TIP 4

테슬라, 삼성전자 주식이 흙수저에게 답이 아닌 이유

이미 테슬라(미국 주식)나 삼성전자(국내 주식)에 투자한 분들이라면 제목만 보고 놀랄 필요는 없다. 다만 현재 삶이 만족스럽지 않고 하루빨리 경제적 자유를 맛보고 싶은 분들이라면, 제목의 의미를 곱씹어보길 바란다. 미장이나 국장을 대표하는 우량주라 해도 인생을 바꿀 만큼의 수익을 보장해주지는 않는다.

나는 지난 세 권의 책에서 부동산 투자만을 다루었지만, 이번 네 번째 책에서는 우리가 활용할 수 있는 모든 투자법(주식, 코인, 부동산)을 총동원해 최종적으로 건물주(경제적 자유)의 꿈을 이루는 방법론을 전하고자 한다.

그래서 TIP 4에서는 잃지 않으면서 큰 수익을 꾸준히 만들 수 있는, 약간은 독특한 주식 투자법을 소개하고자 한다. 다시 한번 강조하지만 주식 투자는 매월 현금 흐름(용돈, 생활비)을 개선하기 위한 것이 아니라 건물주가 되는 데 필요한 밑천을 마련하기 위한 것이다.

내가 십수 년간 투자업계에 있으면서 느낀 점은 이것이다.

유명한 인플루언서들의 주장처럼 '주식은 장기적인 관점에서 적립식으로 투자'하는 게 진리라면, 그것만으로는 우리의 삶을 180도 바꿀 수 없다. 오히려 우리의 소중한 투자금으로 여의도 증권사의 배만 불려주는 꼴이 될 것이다.

우량주도, 미국 주식도 답은 아니다

하락기에도 오르는 주식 종목이 있다면 믿겠는가? 그냥 운이 좋아서 한두 번 튄 게 아니라, 또 작전주나 테마주가 아닌데도 2024~2025년 한 해 동안 꾸준히 우상향했다면 말이다. 특히 "탈출은 지능 순", "개도 쳐다보지 않는다"라는 말이 유행어처럼 퍼졌던 국내 주식시장에서의 일이라면?

국내 주식시장이 최악으로 치닫던 2024년, 내가 운영하는 네이버 카페 '서집달' 회원들과 처음으로 국내 주식 투자에 나섰다. 당시 경기가 안 좋아 무리한 투자라는 우려도 있었지만, 그간의 경험과 분석법에 대한 나름의 확신이 있었기 때문에 아무 고민 없이 실행했다. 회원들이 잘 따라와준 덕분에 현재는 매월 평균 수익률 20%(연으로 환산하면 최대 240%)를 꾸준히 기록하고 있다. 나중에 증명할 데이터를 남기기 위해 그리고 수익률 조작을 방지하기 위해 회원들 스스로 카페에 매일 매매일지를 올리고 있으므로, 혹시 궁금하거나 사실 여부를 확인하고 싶은 분은 직접 방문해 살펴보길 바란다.

그렇다면 이제부터 여러분이 가장 궁금해할 이야기를 본격적으로 해보겠다.

잃지 않으면서 꾸준히 큰 수익을 낼 수 있었던 비결은 '정부(정책결정자)의 의지'를 믿는 것이었다.

그동안 주식에 투자하면서 여러분이 분석한 대로 차트가 움직였는가? 뉴스에서는 삼성전자의 1분기 영업실적이 사상 최대치를 기록했다고 보도하는데, 주가는 오히려 폭락했던 경험이 있지 않은가? 많은 투자자가 종종 비슷한 경험을 한다. 그럴 때마다 손해를 보지만 으레 있을 수 있는 일로 치부하고 넘긴다. 결국 우량주는 우상향한다는 믿음 때문에 말이다.

우리는 잃지 않는 투자, 안전하면서도 확실한 투자를 재정의해야 한다. 사실 주식은 제로섬 게임이어서 우리의 상식대로 움직이지 않는 게 본질에 더 가깝다고 볼 수 있다. 즉 시세를 좌우하는 세력이 존재하기 때문에 잃지 않으면서 꾸준한 수익을 만들기 위해서는 세력이 아예 건들 수 없는 종목에 투자하는 것이 유리하다.

그렇다면 역시 우량주에 투자해야 하는 것일까? 여러분은 혹시 삼성전자 임원들이 어떤 계획을 가지고 있는지 알고 있나? 그들이 의례적으로 내뱉는 방송용 멘트 말고 진짜 생각 말이다.

기업은 자율성이 보장되기 때문에 연초에 발표한 계획을 그대로 따를 의무가 없다. 즉 A라고 말해놓고 B를 해도 도의적 책임은 있을지언정 법적 책임은 없다. 이에 착안해 지난 1년간 수익률이 좋았던 종목들을 추려본 결과, 재무 건전성이나 실적 여부는 크게 중요하지 않다는 사실을 알게 되었다.

한동안 국내 주식이 힘을 발휘하지 못하자 많은 이가 미국 주식에 눈을 돌리고 있다. 개인적으로 미국의 성장에 투자하는 것은 좋은 전략이라고 생각하지만, 아쉽게도 우리는 미국의 시스템을 100% 이해하지 못한다. 우리가 아는 미국의 유망한 기업들은 언론과 미디어에 의해 포장된 것일 뿐, 미국 정부의 핵심 전략을 추종하는 기업인지 여부는 정확히 파악하기 어렵다.

우량주 위주의 투자, 미국 주식 투자가 매우 이상적이고 바람직한 투자처럼 보이겠지만, 이것으로는 단기간에 극적인 결과를 만들어내기가 힘들다. 여러분은 주식 투자를 왜 하는가? 용돈이나 생활비를 충당하기 위해? 물론 미국 주식은 훌륭하지만 서민이 불리한 환경을 극복하고 비교적 단기간에 큰 부를 축적하는 데는 별 도움이 되지 않을 것이다. 선택은 여러분의 몫이다.

정부는 답을 알고 있다

매년 적자에 허덕이는데도 주가가 폭발적으로 오르는 종목들이 꽤 있다. 재무 상황도 아직 열악한 것 같고 실적도 매번 좋은 편은 아니지만 알 수 없는 이유로 장기간 상승하는 종목들 말이다. 기존의 분석법으로는 도무지 이유를 찾을 수 없다. 이와 관련해 지금부터 들려주는 이야기를 곱씹어보길 바란다.

거의 10년 가까이 된 실제 경험담이다. 당시 중앙정부 ○○부처의 고시문을 읽게 되었다. 거기에는 "향후 대한민국 정부는 반도체, 바이오, 방산, 미래 자동차 등등의 분야를 집중 육성할 것이다. 이를 위해 천문학적인 예산을 편성하고, 해당 업계를 위한 전용 산단(국가산업단지)도 신규 조성하겠다"라는 내용이 담겨 있었다. 고시문의 별첨 자료에는 매년 투입할 예산의 정확한 규모, 새로 조성할 산단의 위치 그리고 주요하게 육성할 중소기업 목록까지 적혀 있었다. 여담이지만 이런 고시문은 현재도 중앙정부, 지방정부 모두 꾸준히 고시하고 있으니 살펴보길 바란다.

그래서 산단부지를 실제로 임장했다. LH공사가 이미 현수막을 내걸고 산단 조성에 따른 토지 보상 절차를 진행하고 있었다. 이곳은 현재 명실상부 대한민국을 대표하는 핵심 산단으로서 제 역할을 훌륭히 수행하고 있다. 개인적으로 여기에 속한 기업들의 차트를 잘 분석해 지난 1년간 큰 수익을 맛보았다.

정부가 육성하려고 마음먹은 기업들에는 많은 혜택(보조금, 세제 지원 등)이 부여된다. 그 대신 기업들은 투명한 운영을 약속한다. 만약 정부를 속이려다가 감사 등으로 걸리게 되면 상당히 무거운 페널티를 받는다. 그동안의 경험을 바탕으로 말하자면, 이 기업들은 (그 이유가 어느 정도 예상되지만) 비교적 쉽게 상장되고, 당장 실적이 나쁘더라도 각종 보조금과 세제 지원 등으로 주가가 잘 방어되며, 심지어 너무나도 쉽게 오르는 경향이 있다. 아마 정부 차원에서 의도적으로 기업의 경영을 지원해 줄 뿐 아니라 주가도 관리해주는 게 아닐까 싶다.

나는 해당 기업이 어디에 있든 상관없이 중앙정부와 지방정부가 보증하는 곳이기만 하면 관심 목록에 집어넣는다. 그리고 흐름이 전환되는 모든 자리마다 수익을 내려 하기보다는, 스토캐스틱stochastic이라는 분석 기법을 활용해 큰 상승 추세만 취하려 한다. 스토캐스틱의 가장 큰 장점은 시장의 거시적인 흐름을 거의 정확하게 파악할 수 있다는 것인데, 이는 특정 종목의 추세를 분석하는 것뿐 아니라 부동산 등 여러 자산 시장을 예측하는 데도 큰 도움이 된다. 이 방법을 통해 월 100% 넘는 수익률을 기록한 회원들도 꽤 있으니, 카페의 수익 인증글을 참고하길 바란다.

지금까지 설명한 방법들만 잘 숙지해도 나와 내 자녀의 미래는 걱정할 필요가 없다. 마지막으로 얼마 전에 있었던 일화를 들려주겠다.

주식 투자와 관련해 열심히 따라와주는 회원들을 독려하고자 매달 정기적으로 무료 세미나를 운영하고 있다.

한번은 엄마와 함께 온 중학생 남자아이가 자기도 듣고 싶다고 해 허락했다. 다행히도 흥미를 느끼는 것 같아 보람찬 하루였다. 한두 달 흘러 그 아이 엄마에게 물어봤더니 지금은 본인 용돈을 시드머니 삼아 주식 투자 중이라고, 이제는 스스로 용돈을 벌 정도라고 했다. 2025년 8월에 50%의 수익을 보더니 이제는 게임도 안 한다며 기뻐하던 그 엄마 회원의 얼굴이 아직도 생생하다. 그 아이가 훗날 한국의 워런 버핏이 되길 희망한다. 10년 정도 시간이 흘러 사회 초년생이 되면 부모의 지원 없이도 서울 초기 재개발 빌라에 갭투자할 만큼의 투자금은 마련했을 것이고, 이후 결혼 적령기에 이르면 그 재개발 빌라가 신축 아파트로 탈바꿈해 신혼집으로 삼게 될지 모른다.

이 글을 읽는 분들은 자녀의 미래를 너무 걱정하지 말기 바란다. 자녀에게 물고기를 직접 잡아줄 필요는 없다. 물고기 잡는 법을 정확히 알려준다면 얼마든지 스스로 이 세상을 살아나갈 수 있다. 여러분은 여러분의 노후만 준비하길!

4장

부자가 되는 실현 가능한 전략

드디어 4장입니다. 앞서 '대출 의존도가 높은 부동산' 중에서 하락기에도 시세가 방어되는 것은 비주택뿐이라고 말했습니다. 그중 구분상가에 대한 설명은 이미 TIP 2에서 했으니, 이번 장에서는 마지막 퍼즐인 '건물'을 설명하겠습니다. 건물은 대출 의존도가 높은 부동산인 데다가, 하락기에 가격 방어가 되면서 이후 확실히 상승할 매물을 찾는 게 솔직히 쉽지 않습니다. 하지만 그럴 수만 있다면 5년 내에 부자가 될 수 있으니, 포기하지 말고 이어지는 내용을 꼭 숙지하길 바랍니다.

3장까지는 부자가 되기 위한 '수단'을 설명했습니다. 다시 말해 '건물주'가 되기 위한 시드머니를 효율적으로 모으는 방법론을 다루었습니다. 지금부터는 건물 매수를 통해 효율적으로 자산을 불리는 방법을 소개하겠습니다. 여기서 제가 말하는 '건물'이란 입지 좋은 신축 건물, 즉 월세나 받으며 매월 현금 흐름을 개선하는 일반적인 의미의 건물이 아니니, 오해 없길 바랍니다.

레버리지를 극대화하는 건물 투자

우리가 건물에 투자하는 이유는 명확합니다. 시드머니 만들기 단계에서는 애초에 투자금이 많지 않기 때문에 투자 기간 대비 수익이 눈덩이처럼 불어날 수 없지만, 건물에 투자한다면 자산을 눈덩이처럼 불릴 수 있습니다. 부자들이 보통 주택이 아니라 건물에 투자하는 이유도 압도적인 자산 상승이 가능하기 때문입니다. 현재 기준 건물 대출은 매매가의 최대 80%까지 가능하기 때문에 실투자금과 대출금을 합하면 상당한 규모의 건물을 매수할 수 있습니다. 게다가 건물은 매매가 자체가 매우 크기 때문에 5년 동안 두 배만 상승해도 엄청난 수익을 낼 수 있습니다. 대출이자가 걱정될 수도 있지만, 대부분의 경우 건물에서 나오는 월세로 충당 가능합니다. 그 이유는 뒤에서 설명하겠습니다.

건물 투자로 얻은 수익은 매매가가 더 큰 건물에 재투자해 극대화할 수 있습니다. 이때 핵심은 5년 안에 두세 배 정도 상승할 건물을 매수하는 것입니다. 건물이라고 해서 모두 오르는 것은 아닙니다. 월세는 잘 나오지만 10년 넘게 오르지 않는 건물도 많기 때문에 정말 큰돈을 들이는 투자인 만큼 근거 있는 자료를 기반으로 철저하게 분석하고 또 분석해야 합니다.

부동산의 꽃은 레버리지입니다. 출근하기 싫어도 꾹 참고 회사에 다니는 이유 중에 대출 능력 유지도 있을 것입니다. 하지만 상승장이 되고 규제가 점점 늘어나면 레버리지 활용 또한 그 힘을 잃게 됩니다. 다행스러운 점은 이러한 규제가 대부분 주택 시장에만 적용되어 비주택 영역은 비교적 타격이 적다는 것입니다. 규제 여부를 차치하더라도 비주택 영역의 대출은 주택 영역의 대출보다 기본적인 한도 자체가 훨씬 높습니다. 또한 주택담보대출은 원리금을 함께 상환하는 방식이라 매월 상환해야 하는 금액이 매우 많지만, 비주택 영역(건물, 구분상가)의 대출은 이자만 납부하면 되기 때문에 큰 액수를 대출받아도 결과적으로 매월 상환해야 하는 금액이 많지 않습니다. 즉 **'정당하게 남의 돈으로 큰 차익을 만들 수 있다', '레버리지를 극대화할 수 있다'**라고 생각하면 됩니다. 이러한 장점들 덕분에 건물을 매수할 능력이 있다면 아파트보다는 건물에 투자해야 합니다.

쉽게 설명하면, 현재 기준 건물 대출은 매매가의 80%까지 가능하기 때문에 실투자금 20%만으로도 적게는 수십억 원에서 많게는 수백억 원까지 차익을 얻을 수 있습니다. 예를 들어 만약 매매가 100억 원짜리 건물이 있다면 '대출(80억 원)+실투자금(20억 원)'으로 투자한 다음 5년 후에 200~300억 원에 매도하는 것입니다. 대출금 80억 원을 모두 상환하고 세금까지 내더라도 수익이 작게는 수십억 원에서 많게는 100

억 원을 넘게 됩니다. 레버리지 덕분에 이처럼 큰 차익이 가능하며, 주택과 대출 기준 및 방식이 다른 덕분에 향후 금리가 올라도 버틸 수 있습니다.

투자 경험이 적은 일반인이 5년 내에 매매가 기준 두세 배 정도 확실하게 상승할 건물을 찾는 것은 불가능하지만 저에게는 그리 어려운 일이 아닙니다. 이 일을 16년간 하면서 그런 건물을 수없이 찾았고, 그 과정에서 제가 활용하는 방법을 반복적으로 검증했기 때문입니다. 이 방법을 통해 앞으로 더 많은 성공 사례를 만들 것이라고 확신합니다.

시드머니를 만들어 자산으로 불려라

다음 이미지는 우리의 목표를 좀 더 명확하게 표현한 것입니다. 풀어서 설명하겠습니다. 현 정부의 부동산 규제 정책에 대해 대중은 규제 일변도라며 원색적으로 비난하지만 정부에 대항해 얻을 것은 아무것도 없음을 명심해야 합니다.

9·7대책의 원문을 찬찬히 살펴보면 "노후계획도시 재건축 활성화", "노후 상가의 재건축 활성화"라는 키워드가 반복적으로 등장합니다(이번 기회에 규제 정책 원문을 다운받아 여러 번 읽어보는 것을 권합니다). 권력자가 원하는 방향으로 투자해야 승산이 있습니다.

우선 시드머니 만들기 단계에서는 이렇게 투자해야 합니다. 현재 정부가 밀어주고 있는 노후계획도시 사업 예정지 중에서 도시개발계획

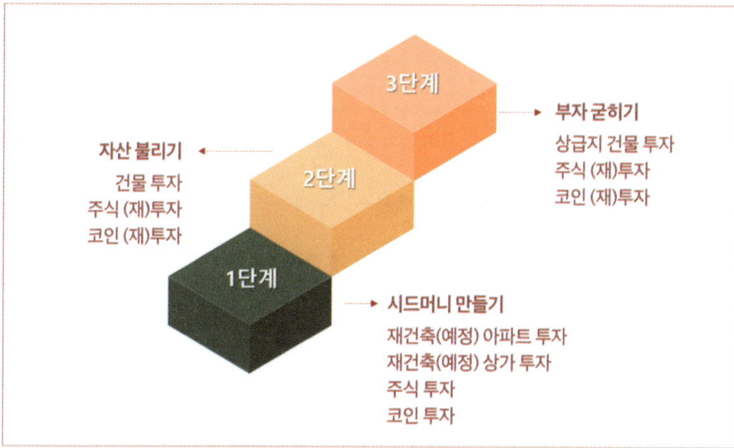

상 정합성이 뛰어나 주민이 반대해도 무조건 재건축 사업을 진행할 지역을 선정해야 합니다. 그곳에서 분담금을 내지 않고 오히려 환급금을 받으면서 재건축이 가능할 만큼 사업성이 좋은 아파트를 찾습니다. 구체적으로는 도시개발계획상 10년 내에 빠르게 입주할 수 있고 시세가 15억 원을 넘게 될 재건축 예정 아파트에 실투자금 2억 원 이내로 적정가에 맞춰 투자합니다.

비주택 투자는 서울 강남권에서 사업성이 좋은 재건축 예정 상가를 노려볼 만합니다. 아직 대중이 이런 방식을 잘 모르기 때문에 실투자금 2억 원으로 투자할 수 있습니다. TIP 2에서 소개한, 매매가 약 1억 원 상당의 비주택이 8년 만에 10배 상승해, 디벨로퍼에게 약 10억 원에 팔린 사례를 떠올려보십시오. 당시에는 비주택 재건축 및 디벨롭먼트 개발이 활성화되지 않은 시점이어서 8년이나 걸렸지만, 이제부터는 다

② 1기 신도시 등 정비사업 개선

◈ 사업 선정방식 · 절차를 개선하여 신속한 사업추진을 지원하고, 이주, 상가쪼개기 등 문제는 선제 조치하여 '30년까지 수도권 6.3만호 착공

① 1기 신도시 사업 선정방식 개선

□ (현황) 1기 신도시 선도지구[1]는 당초 공모방식[2]으로 선정하였으며, 선정물량은 기본계획상 구역지정 물량을 상한으로 결정

1) 15곳(연립2곳 포함), 3.7만호 선정 후 연내 정비구역 지정을 목표로 사업 추진 중

2) 공모 과정에서 지자체는 과도한 행정적 부담, 주민들은 단기간 내 동의율 확보 애로

□ (개선) 주민제안(입안제안) 방식을 전면 도입하고, 물량 확대 추진

❶ (선정방식) 향후 추진될 사업은 신속한 사업추진을 지원하기 위해 주민 직접 제안 방식으로 정비사업지를 선정하고, 추진물량 결정

② 공실상가, 업무시설 등 활용 非아파트 공급

□ (공실상가 등) 비대면 수요 확대, 경기변동 등으로 도심 공실상가가 증가하고 있어 탄력적 용도전환을 통해 주거시설로 활용 필요

○ 도심 내 공실 상가, 업무시설 등의 용도변경으로 신속하게 주택을 공급할 수 있도록 제도 개선방안 마련('26.2)

* 건축물의 탄력적 용도전환 방안 연구 추진 중 / (수행자) 건축공간연구원 / (기간) '25.4~'26.1월

9·7대책에서 "노후계획도시 재건축", "도심 공실상가 활용"이 언급되었습니다.
출처: 국토교통부

를 것입니다.

동시에 주식과 코인 투자를 통해 매월 꾸준히 20%(연 240%) 이상의 수익률을 유지합니다. 복리 효과까지 더해진다면 건물을 매수할 시드

머니를 상승장 5년 동안 충분히 마련할 것입니다. 참고로 저는 코인 투자에도 앞서 설명한 스토캐스틱 기법을 활용하고 있습니다. 코인이 주식보다 변동성이 심해 조금 더 까다롭긴 하지만 이 기법을 잘 활용하면 잃지 않으면서 꾸준한 수익을 낼 수 있습니다.

다음은 자산 불리기 단계입니다. 열심히 모은 시드머니는 하락장에서 빛을 발합니다. 즉 현금 흐름이 좋지 못한 전업 투자자들, 또는 자기 건물의 가치를 잘 모르는 건물주들이 싼값에 매물을 내놓을 때 시드머니가 충분하다면 어렵지 않게(심지어 더 깎아서 값싸게) 낚아챌 수 있습니다. 이렇게 매수한 건물은 향후 5년간 권력자의 의지와 도시개발계획상의 인센티브 정책 덕분에 가격이 상승합니다. 그러다가 시장가격이 매수가 대비 두세 배 정도에 형성되었을 때 매도하고 모든 자금을 모아 더 큰 차익을 안겨줄 건물을 찾아 재매수합니다. 물론 이때도 주식과 코인 투자로 현금 흐름을 계속 만들어냅니다.

여담이지만 투자금 충당이나 세금 혜택, 안정적인 증여를 위해 가족법인을 세워 건물에 투자는 것이 일반적이며, 이 경우 해당 법인에서 급여 등을 받게 되니 조기 은퇴를 고려할 수도 있습니다.

전국 단위로 놓고 본다면 실투자금 500~2,000만 원만 들여도 2~3억 원 정도의 차익을 거둘 재건축 아파트나 상가가 여전히 많습니다. 따라서 투자금이 없다고 실망할 필요는 없습니다. 배우고 실행하겠다는 의지만 있다면 누구나 달라질 수 있습니다.

돈 되는 건물 찾기의 기술 1: 잠실과 송파대로

건물 투자에서 가장 중요한 기술인 '5년 안에 매매가 기준 두세 배 상승할 건물' 찾는 방법을 설명하겠습니다. 이러한 방식의 투자가 생소한 분들에게는 어렵게 느껴질 수 있기 때문에 이미지를 활용해 간결히 설명하겠습니다. 건물의 매매가를 고려했을 때 아파트와는 차원이 다른 수익을 거둘 수 있으므로, 집중하기 바랍니다.

아래 이미지는 서울공항(성남비행장) 인근의 비행안전구역입니다. 당연한 말이지만 고도제한이 있는 지역은 원활하게 개발할 수 없습니다. 앞서 TIP 1에서 소개한 김포공항은 민간공항이기 때문에 국제 협약에 따라 향후 완화될 여지가 있지만, 서울공항은 군사공항입니다. 더욱이 미군의 전술 비행 구역이기 때문에 서울공항과 관련된 고도제한 문제를 해결하기 위해서는 미군의 동의가 있어야 합니다. 과거 이명박 정부

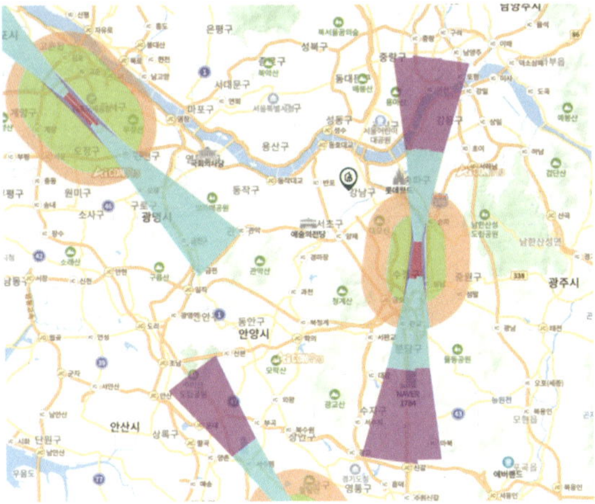

수도권 주요 비행안전구역
출처: aicon

강남구 테헤란로 일대(좌)와 송파구 송파대로 일대(우)

에서도 이 문제를 풀기 위해 노력했지만 결국 실패하고 활주로의 방향만 살짝 트는 수준에서 마무리했습니다.

고도제한 문제가 여전하기 때문에 같은 강남권인데도 송파대로를 테헤란로와 비교하면 (이명박 정부 시기에 개발된 잠실역세권을 제외하고는) 마치 1990년대의 모습을 보는 것 같습니다. 고도제한이 워낙 강력한 곳이라 재건축 및 디벨롭먼트 개발이 활성화될 수 없기 때문에 더욱 안타깝습니다.

하지만 송파대로에도 변화의 바람이 불고 있습니다. 다음 사진은 문정역세권 주상복합 청년주택의 현재와 과거 모습입니다. 3층 건물이 약 25층 높이의 주상복합으로 개발되었습니다. 앞으로는 길을 가다가 고층 신축 건물을 보면 기존 건물주는 보상금을 얼마나 받고 매도했는지 그리고 보상금은 적정한 수준이었는지 따져볼 수 있어야 합니다. '그냥 그런가 보다' 하고 넘어가면 인생이 바뀌지 않습니다.

문정동 55-5번지 일원 문정역 마에스트로 개발 후(위)와 개발 전(아래)
출처: 네이버지도

강력한 고도제한이 존재하는데도 이런 개발이 가능했던 이유는 역세권 청년주택 개발 규정 덕분이었습니다. 청년주택은 박근혜 정부에서 시작되어 현 정부에 이르기까지 단 한 번의 단절도 없이 이어져오고 있습니다. 늘어나는 1인 가구를 위한 정책적 배려 덕분에, 즉 공익 덕분에 3종일반주거지역이 상업지역으로 종상향되면서 고층 개발이 가능

문정동 55-5번지 일원만 상업지역으로 되어 있습니다.
출처: 네이버지도

했던 것입니다. (여담이지만 청년주택을 굉장히 부정적으로 생각하는 사람들이 많습니다. 위의 경우처럼 디벨롭먼트 개발이 어려운 곳이라도 일단 유의미한 사례가 나온다면 후속 개발이 원활하게 진행됩니다.)

문정동 55-5번지 역세권 청년주택을 자세히 분석해보겠습니다. 지적도를 보면 문정역 2번 출구 앞에 분홍색으로 표시된 땅이 있습니다. 원래는 옆의 초록색 땅들처럼 3종일반주거지역(용적률 300%)이었지만 일반상업지역(용적률 786.13%)으로 용도변경 인센티브를 받은 것입니다. 강력한 고도제한이 존재하는 지역이기 때문에 매우 의미 있는 사례입니다. 건물 투자 관점에서 본다면, 송파구는 고도제한 문제로 강남권에 걸맞지 않게 시세가 과도하게 눌려 있었는데, 이제는 폭발적인 상승을 기대해볼 만합니다. 어느 정도 상승할지는 뒤에서 이야기하겠습니다. 아무튼 용적률 786.13%는 향후 송파대로 개발 기준의 척도가 될 것입니다.

실제로 얼마 지나지 않아 송파구청의 공식 문서에서 용적률 800%가 언급되었습니다.

위 이미지에 표시된 '역세권 범위'는 대부분 서울공항 비행안전구역에 속하고 땅의 용도도 상업지역이 아니어서 건물들의 시세가 저렴합니다. 원래는 역세권 기능을 위해 상업지역으로 활용해야 했지만 송파구가 전형적인 베드타운인 점과 고도제한 문제 때문에 서울시에서 상업지역을 많이 받지 못했습니다.

그런데 2024년 7월 송파구는 노후도가 심한 송파대로변 개발을 위해 고도제한 완화를 주제로 연구용역을 발주했습니다. 연구용역 기간은 보통 1~2년 정도인데, 그 결과가 나오는 대로 개발안을 확정해 발표할 것입니다. 연구용역은 개발에 대한 명분을 더하기 위한 형식적인 절차라고 생각하면 됩니다.

큰 이변이 없는 한 연구용역 결과는 이럴 것입니다. "해당 역세권 범위는 개발 가능하며, 기존의 고도제한을 완화해 3종일반주거지역을 용적률 800%의 일반상업지역으로 종상향할 것을 권장합니다." 우리는 도시개발계획을 잘 분석해 이처럼 몇 년 안에 상업지역으로 종상향될 3종일반주거지역을 찾아야 합니다. 그곳의 건물을 미리 저렴하게 매수한다면, 고도제한이 완화되고 상업지역으로 종상향된 이후 막대한 분양 이익을 남기고 싶어 하는 디벨로퍼들에게 최대한 비싸게 매도할 수 있습니다.

송파대로에 마천루 들어선다!
'용적률 800%'로 올려 고밀복합개발 추진

송파대로 변 상업지역으로 용도지역 상향 추진… 잠실광역중심 위상 실현
석촌~송파역 일대 고밀복합개발 용역 완료하고 지난 7월 12일 주민설명회 개최
선도사업대상지 4개소 발굴, 용적률 800% 업무상업주거 복합건물 올려 지역경제 활성화 견인

송파대로 일대를 고밀 개발하겠다는 의지를 천명한 보도자료
출처: 송파구청

서울의 7광역중심에 속하는 잠실은 창동·상계, 가산·대림, 마곡과 더불어 거의 마지막 단계에 지정된 광역중심입니다. 이곳들은 이제 막 개발되는 곳이기 때문에 앞으로 먹을 게 많을 것입니다. 그중에서도 고도제한 문제가 있는 잠실은 규제가 풀리면 더욱 크게 먹을 수 있는 곳

잠실의 범위: 잠실역, 몽촌토성역, 석촌역 일대

출처: 서울시

입니다.

52쪽 이미지를 보면 잠실이 개발 지역으로 표시되어 있습니다. 도시정비형 개발사업(상업지역, 준주거지역, 준공업지역 개발)을 명시한 만큼 결국 송파대로의 부족한 상업지역을 늘려서 고밀도 복합개발을 진행할 것입니다. 즉 송파구의 '송파대로 고도제한 완화'를 허가권자인 서울시가 사실상 동의했다고 봐도 무방합니다. 거점의 위상이 동일하면 결국 나중에 상업지역을 중심으로 부동산 가격이 비슷해지는 만큼, 이쯤 되면 이런 질문을 던져봐야 합니다. 그동안 고도제한 문제로 개발을 거의 할 수 없

잠실에서 시세가 높은 잠실역세권
출처: 부동산플래닛

어 가격이 심하게 억눌려 있던 송파대로의 땅값이 **잠실역세권의 땅값**(평당 2억 2,000만~3억 6,000만 원)을 추종한다면 과연 얼마를 벌 수 있을까?

잠실에서 롯데월드타워 개발로 고도제한이 풀린 잠실역세권 상업지역 건물의 실거래가는 최고가 기준 평당 3억 6,000만 원입니다. 현재 잠실역세권을 중심으로 잠실주공5단지, 장미1·2차아파트 등이 재건축을 진행하고 있습니다.

송파대로는 역세권이지만 상업지역이 없습니다. 땅 중에서 가장 비싼 땅인 상업지역이 없다 보니, 인접해 있는 잠실역세권과의 시세 차이가 큽니다. 송파대로에 속한 석촌역세권 건물의 실거래가는 최고가 기준 평당 1억 5,000만 원입니다. 잠실역세권과 석촌역세권 간의 시세

잠실에서 고도제한으로 시세가 낮은 석촌역세권
출처: 부동산플래닛

차이가 큰 만큼 선점한다면 향후 수익이 엄청날 것입니다.

돈 되는 건물 찾기의 기술 2: 기타 지역

강동구 천호역세권 상업지역은 아무런 제한이 없어서 잠실보다 자유롭게 개발할 수 있는 곳입니다. 이곳도 거점이지만 잠실 같은 광역중심에 비해 위상이 낮은 '지역중심'입니다. 물론 일반인의 시선에서도 잠실의 입지가 무조건 더 좋아 보일 것입니다. 그렇지만 지역에 대한 편견이 없다면 더 적은 금액으로 큰 수익을 만들어낼 수 있습니다.

천호역세권 상업지역 건물의 실거래가는 최고가 기준 평당 1억

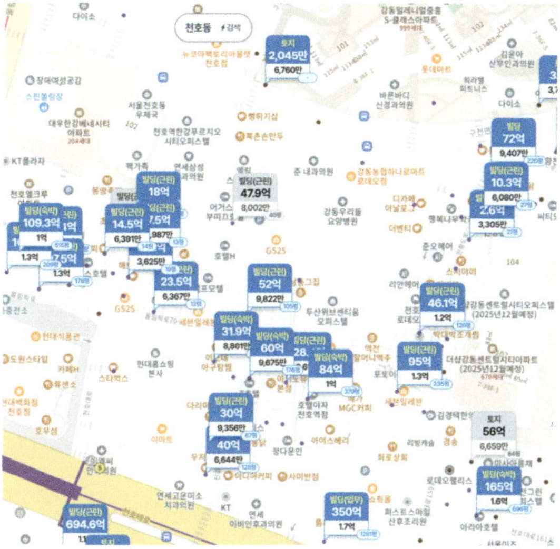

강동구의 중심지인 천호역세권
출처: 부동산플래닛

7,000만 원입니다. 몇 년 전 제 고객이 천호역세권 건물을 매수했을 때의 일화입니다. 대출을 문의하러 함께 은행에 갔는데, 매매가의 90%까지 가능하다고 해 그 이유를 물어보았습니다. 그러자 당시 해당 은행의 지점장이 직접 나서서 서울시의 인센티브 정책 덕분에 사업성이 워낙 좋기 때문이라고 설명했습니다.

지금부터는 투자금이 작아 주눅 들어 있을 분들의 동기부여를 위해 소액으로 건물에 투자한 제 고객의 실제 사례를 소개하겠습니다. 해당 건물의 계약서 사본이 제 사무실에 있으니 혹시 의심스러운 분들은 찾아오십시오. 보여드리겠습니다.

2023년 4월 광역시도 아닌 지방 소도시(기초자치단체)에서 제가 직접 매물을 찾아 고객에게 소개했습니다. 역세권 상업지역의 건물로, 당시 매매가가 3억 4,000만 원(평당 500만 원 수준)이었고, 대출은 최대 70%가 가능했기 때문에 실투자금은 약 1억 원이었습니다. 현재 해당 지역의 건물들은 평당 1,100~1,500만 원 수준으로 실거래되고 있습니다. 약 2년 6개월 만에 두세 배 정도 상승한 것입니다.

그 고객에게 들은 이야기인데, 해당 건물을 매수하겠다는 디벨로퍼와 현지 부동산의 문의가 이미 몇 번 왔다고 합니다. 도시개발계획상 예정되어 있던 역세권 개발이 이제 막 시작된 곳이기 때문에 투자 기간 5년을 채우면 그 값은 더 올라 있을 것입니다. 만약 지금 평당 1,500만 원에 매도해도 실투자금 약 1억 원으로 7억 원 가까이 번 셈입니다.

이는 "지방 탈출은 지능 순", "건물주도 답이 없다"라는 말이 팽배했던 2023년의 일입니다. 당시 폐허지나 몰락한 중심지를 소개하는 하락론자들이 지방 투자에 대한 혐오감을 불러일으키며 인기를 얻었는데, 과연 그들이 이런 투자의 세계를 알고 있을까요?

아파트만, 상급지 부동산만 투자해야 한다는 선입견에 빠진 사람들은 결코 알 수 없는 진정한 부자의 세계에 오신 것을 환영합니다.

현재 기준 최소 건물 실투자금(대출 80% 가정)

1. 송파구: 30억 원
2. 성동구: 25억 원
3. 기타 서울 지역: 10~25억 원

4. 수도권: 10~20억 원

5. 지방 광역시: 5~15억 원

6. 지방 소도시: 10억 원 이내

정부는 철도망을 펼쳐 전국을 1일 생활권으로 묶기 위해 노력 중이고 실제로 이와 관련된 도시개발계획들이 서서히 나오고 있습니다. 만약 이렇게 된다면 경제적 효과는 어마어마할 것입니다. 특히 신규 역세권으로 지정되는 지역들, 일반주거지역에서 상업지역으로 종상향되어 왕성하게 개발될 곳들이 많아질 것입니다. 충청북도 청주시의 오송역세권이 대표적인 사례로, 땅값만 보면 청주시의 대장 지역으로 불려도 손색이 없습니다.

지방 광역시에는 대부분 지하철 노선이 있지만 시민들의 불편함을 해소하기에는 여전히 부족합니다. 실제로 6대 광역시들은 모두 지하철 노선 연장이나 신규 노선 개발을 계획 중입니다. 따라서 앞으로는 역세권이 될 지역들이 대거 생겨나고, 졸지에 재개발, 재건축 명분을 얻는 곳도 정말 많아질 것입니다. 일례로 지난 상승장 때 청주시 가경동 ○○ 상업지역의 매물들은 그 값이 전부 두세 배 이상 올랐습니다. 그러니 서울에 투자하지 못한다고 낙담하지 말고 이런 곳들을 잘 찾아보십시오. 저도 한 달에 6일은 전국을 누비며 임장합니다.

2부

재건축 시대에는 재건축이 가장 큰돈이 된다

소액으로 빠르게 오를 재건축만 사자

길고 길었던 1부를 마무리하고 드디어 2부를 시작합니다. 여기까지 왔다면 이미 정말 많은 것을 배운 것입니다. 돈을 줘도 들을 수 없는 내용이라고 자부합니다. 왜냐하면 실제 부자들이 대를 이어 가족들에게만 공유하는 내용이기 때문입니다.

저는 첫 번째 책에서 진짜 돈이 되는 부동산 투자의 기본 원리를 설명했고, 두 번째 책에서는 기간 대비 큰 수익을 만들 수 있는 방법론을 밝혔으며, 세 번째 책에서는 부동산 투자 시장의 절대 강자인 디벨로퍼들만 알고 있는 부동산 가격의 비밀을 공개했고, 이번 네 번째 책에서는 이 모든 것을 종합해 흙수저가 부자 되는 가장 현실적인 방법을 소개하고 있습니다. 이를 차근차근 익히고 실제로 해보십시오. 힘이 들면 잠시 쉬되 너무 오랫동안 쉬면 안 됩니다. 그러면 '나'뿐 아니라 '내 자녀'까지 풍요롭게 살 기회를 놓치게 됩니다.

1부에서는 투자에 익숙하지 않은 흙수저의 마인드를 부자의 마인드로 바꾸고, 시드머니를 마련해 최종적으로 건물주가 되는 방법을 설명했습니다. 하지만 가장 중요한 것은 바로 지금, 즉 현재입니다. 현 정부 5년 동안 노후계획도시 사업이 전국적으로 활성화될 것이기 때문에, 시드머니 만들기의 첫 단추로서 해당 사업지의 재건축 아파트 투자를 꼭 성공해야 합니다.

그래서 2부에서는 유망한 재건축 단지 찾는 방법을 최대한 간결하게, 네 가지 유형으로 나눠 제시하려 합니다. 실제 투자 목적보다는 교육 목적의 사례이니 아파트 이름만 보고 섣불리 투자하지 말고, 그 매물을 찾는 과정에 집중하기 바랍니다.

지난 2010년대 뉴타운 사업 시절을 회상해보면 '서울→수도권→지방' 순으로 개발의 흐름이 이어졌습니다. 그 결과 서울에 투자해 수익을 본 투자자들이 다음으로 수도권에 투자해 수익을 내고 마지막으로 지방에 가 다시 한번 돈을 벌었습니다. 이렇게 경험을 쌓은 투자자들은 지방에서 정말 손쉽게 돈을 벌었지만, 정작 지방 원주민들은 이런 투자법이 생소해 많은 기회를 놓쳤습니다. 그러니 노후계획도시 사업 초기인 지금 잘 배워야 합니다. 이 또한 '서울→수도권→지방' 순으로 퍼져나간다면, 향후 20년간 비교적 편하게 돈을 벌 수 있을 것입니다.

5장

3박자가 완벽한 재건축

제가 정의하는 성공적인 재건축 사업의 필수 요소는 세 가지로, '도시개발계획상 정합성', '재건축 사업성(정비사업의 속도)', '적정 가격(투자 수익)'입니다. 현재 기준 이 모든 요소를 거의 완벽하게 갖춘 곳이 있는데, 바로 경기도의 1기 신도시이자 현재 노후계획도시로 지정된 일산신도시입니다.

일산신도시는 일산서구와 일산동구로 나뉘어 있는데 대부분의 단지가 노후계획도시 사업지에 포함되기 때문에 향후 엄청난 공급이 예상되는 곳입니다. 그런데도 향후 일산신도시가 받게 될 혜택과 뛰어난 미래가치에 대해 외지인은 물론이고 현지 주민조차 제대로 알고 있지 않습니다.

동 시기에 지어진 분당신도시는 강남(대규모 일자리)과의 접근성이 좋고, 특히 판교신도시(일자리+주거지) 사업이 성공적으로 완료되면서 베드타운 이미지를 완전히 벗었습니다. 반면 일산신도시는 베드타운 이미지를 벗지 못해 점차 투자자들에게 외면받았고, 그 결과 실거주하는 주민들의 기대감도 낮아진 게 사실입니다.

하지만 재건축 아파트의 투자가치를 따져본다면, 일산신도시를 투자처에서 아예 배제하는 것은 엄청난 실수입니다. 지금부터 1기 신도시 가운데 어째서 일산신도시가 재건축의 3요소를 고루 갖추고 있는지 설명하겠습니다. (2부에서 예시로 소개하는 단지들은 투자용이기보다는 교육용입니다. 진짜 투자할 재건축 아파트를 찾기 위해 공부하는 용도로만 참고하길 바랍니다.)

도시개발계획상 정합성

이 개념은 대학에서도 따로 가르칠 정도로 어렵기 때문에 일반 투자자가 완벽하게 이해하려면 상당한 시간과 노력이 필요합니다. 다만 지금 설명하는 내용 정도만 숙지해도 투자하는 데는 큰 어려움이 없을 것입니다.

재개발, 재건축 같은 정비사업을 포함해 도시를 개발할 때는 기본적으로 공신력 있는 기관이 만든 도시개발계획을 따르게 됩니다. 따라서 도시개발계획을 정확히 해석할 수 있다면 정답을 알고 시험을 보는 것

주거지와 일자리를 동시 개발한 판교신도시

과 같습니다. 일반적으로 도시개발계획에 의한 개발을 '거점사업'이라 부르는데, 그중에서도 가장 강력한 것이 바로 '일자리사업'입니다(해당 내용은《강남 되는 강북 부동산은 정해져 있다》에서 자세히 설명했습니다). 과거 뉴타운 사업은 베드타운을 개발해 똑같은 베드타운을 만드는 사업이었습니다. 다시 말해 아파트 일변도로 개발했던 것입니다.

하지만 이번에 추진하는 노후계획도시 사업은 아파트만 있던 베드타운을 아파트와 일자리가 공존하는 도시로 만드는 사업입니다. 즉 서울로 출퇴근하느라 길에서 날리던 서너 시간을 아낄 수 있게 되는 것입니다. 정부는 판교신도시 등에서 비슷한 사업을 이미 성공적으로 완료했습니다. 판교신도시의 아파트 가격이 수직 상승한 이유도 일자리가 더해졌기 때문입니다. 2기 신도시 중에는 이렇게 일자리와 함께 개발된 곳이 많지만, 김포한강신도시처럼 미처 완성되지 못한 곳도 있습니

마곡도시개발사업으로 강서구의 위상은 놀랄 만큼 상승하고 있습니다.

다. 이들 간의 시세 차이를 잘 비교해보면 일자리의 유무가 얼마나 중요한지 알 수 있을 것입니다.

7광역중심 중 마곡은 거점사업을 통해 아무것도 없던 허허벌판에 LG를 유치했습니다. 여기에 마곡신도시의 아파트와 9호선이 더해지며 도시개발계획의 기준이 되었습니다. 이런 방식의 개발은 향후 신도시 개발에 큰 영향을 미칠 것입니다.

그렇다면 우리는 노후계획도시 중에서 가장 강력한 거점사업인 일자리사업이 포함된 도시개발계획이 있는 곳을 찾은 다음, 실제로 해당 사업이 빠르게 진행되고 있는지 확인해야 합니다. 만약 일자리사업이 포함된 도시개발계획을 찾았고 현장 조사를 통해 실제 개발이 진행 중인 것까지 확인했다면, 이곳은 **투자 목표 지역으로 삼아도 됩니다.**

향후 일자리 거점이 될 경기고양 방송영상밸리 도시개발사업 구역 및 고양장항지구의 범위
출처: 네이버지도

경기도와 고양시의 도시개발계획을 살펴보면, 일자리사업의 일환으로 일산신도시 인근 한강변에 '경기고양 방송영상밸리 도시개발사업'을 진행하겠다는 내용을 확인할 수 있습니다. 해당 지적도를 보면, 사업 구역이 이미 명확하게 지정되어 있습니다. 땅의 용도를 살펴보면, 역시 일자리사업답게 활용도가 높은 상업지역, 준주거지역, 준공업지역 등으로 편성되어 있습니다.

이를 마곡의 용도지역 및 구역 배치 등과 비교해보면, 개발의 유형과 땅의 용도가 매우 흡사하다는 것을 알 수 있습니다. 민간 플랫폼의 지적도에까지 반영될 정도면, 높은 확률로 실행될 도시개발계획이라고 봐도 됩니다. 하지만 사업의 관건은 실행 속도이기 때문에 현장 확인은

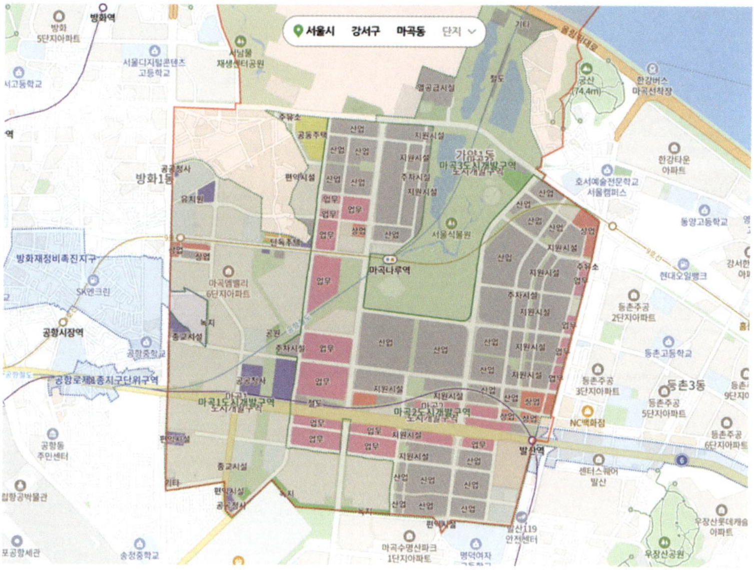

서울 서남권 지역의 대표 거점으로 부상한 마곡의 범위
출처: 네이버지도

필수입니다.

경기고양 방송영상밸리 도시개발사업 구역은 기초 공사가 한창입니다. 이를 통해 도시개발계획상 정합성이 충분하며 권력자의 의지 또한 강하다는 것을 알 수 있습니다. 이런 과정을 거쳐 1차 검증 요소인 도시개발계획상 정합성을 확인했다면, 이어서 재건축 사업성을 판단해야 합니다.

본격적으로 재건축 사업성을 논하기 전에 경기고양 방송영상밸리 도시개발사업을 좀 더 살펴보겠습니다.

경기고양 방송영상밸리 도시개발사업 현장
출처: 네이버지도

7광역중심 중 상암은 대한민국 미디어 일자리의 핵심지입니다. 이곳의 방송사와 언론사가 일종의 본사로서 제작을 총괄한다면, 경기고양 방송영상밸리에서는 이들의 지사와 스튜디오, 외주 업체 등이 일하게 됩니다. 요즘 드라마나 다큐멘터리를 보면 영상 말미에 '총괄: KBS, 제작: ○○미디어' 같은 문구가 뜹니다. 제조업을 포함한 거의 모든 산업이 하청 시스템으로 움직이기 때문에 지극히 당연한 현상입니다. 일산신도시는 상암과 매우 가깝기 때문에 훌륭한 미디어 일자리 파트너가 될 것입니다.

일자리사업은 필연적으로 상권 개발, 교통 개발, 배후주거지 개발로 이어집니다. 실제로 경기고양 방송영상밸리 도시개발사업은 1차적으로 GTX-A 킨텍스역세권 개발의 명분이 되었고, 나아가 노후계획도시인 주엽역세권 상업지역 개발에도 영향을 미칠 것입니다. 그 결과 상업지역의 가격이 폭발적으로 오르면 일산신도시 재건축 아파트의 분양가 상승에도 지대한 영향을 미칠 것입니다. 이는 결국 재건축 사업성 향상과 입주 후 아파트 가격 상승에 도움이 됩니다. 지난 뉴타운 사업 시절에 상업지역 개발 없이 재개발 사업만 진행한 곳들과 영등포구에 있는 뉴타운 사업지들처럼 상업지역 개발과 함께 재개발 사업을 진행한 곳들의 시세를 비교하면, 격차가 상당하다는 것을 알 수 있습니다. 경기고양 방송영상밸리라는 대규모 일자리가 들어선다면, 이곳에서 근무하는 사람들이 이용할 상권은 물론이고, 출퇴근을 위한 대중교통 확충도 필수입니다. 일단 GTX-A 개통으로 킨텍스역에서 서울역까지 20분 만에 갈 수 있게 되었고, 서해선 개통으로 일산신도시에서 김포공항 그리고 경기 남부 지역까지 편하게 갈 수 있게 되었습니다. 하지만 대중이 모르는 비밀이 하나 더 있습니다. 이것은 일산신도시 재건축 사업을 빠르게 추진해야 하는 명분이기도 합니다.

아직 확정되지 않았지만, 인천 검단신도시와 고양시를 이을 인천2호선 연장 계획이 있습니다. 수도권 제2순환 고속도로 사업처럼 수도권을 하나의 교통망으로 연결해 서울에 몰린 일자리를 퍼뜨리는 게 목적입니다. 계획이 확정되려면 해당 사업이 경제적으로 타당한지 증명해야 하는데, 노후계획도시 사업으로 늘어나는 '인구'를 명분 삼아 밀어붙일 것입니다. 다만 문제가 하나 있습니다. 계획도를 보면 9번(주엽역)과 10번(일산역) 정거장이 일산신도시의 중앙공원을 따라 연결된다는

인천2호선 고양연장(안)
출처: 인천시

것입니다.

아파트단지와 단지 사이에 있는 중앙공원은 주엽역에서 일산역까지 이어져 있고 주민들이 활발하게 이용하는 공원이어서 지하철 공사를 원활하게 하기 어렵습니다. 따라서 일산신도시 재건축을 통합재건축 방식으로 일제히 진행할 때 노선 연장 공사까지 포함하는 것이 타당해 보입니다. 다행히도 이러한 행정은 선례가 많습니다. 따라서 합리적으로 추론한다면, '통합재건축+노선 연장 사업'으로 묶어 진행할 가능성이 큽니다.

일자리사업의 마지막 퍼즐인 배후주거지 개발의 경우, 신규 일자리에서 근무하는 사람들의 직주근접을 위해 킨텍스원시티 같은 택지개발사업뿐 아니라, 노후계획도시 사업을 통해서도 주택을 공급할 것입니다.

일산서구 중앙공원(주엽역과 일산역을 연결)

재건축 사업성(정비사업의 속도)

2024년 국토교통부는 노후계획도시 사업을 발표하면서 앞으로는 정비사업 초반 단계에 사업성을 공개하라는 규정을 신설했습니다. 거

입력 2024.11.14 10:44 | 수정 2024.11.14 11:13

[땅집고] 경기 고양시 일산 신도시에서 통합 재건축을 추진 중인 강촌1,2·백마1,2 단지의 재건축 분담금이 공개됐다. 일부 주택형은 재건축 부담금 없이 최대 3억6000만원까지 환급받을 수 있다는 계산이 나왔다.

14일 강촌1,2·백마1,2 단지 재건축 추진준비위원회가 도시계획 전문업체 케이티에스엔지니어링 의뢰로 제일감정평가법인이 시뮬레이션한 추정 분담금에 따르면, 일부 평형에서는 분담금이 발생하고 일부 주택형은 환급이 가능한 것으로 나타났다.

강촌마을 1단지 32평 주택을 보유한 조합원이 국민주택형인 전용 85㎡(34평) 을 분양받으려면 약 8500만원의 분담금이, 33평 보유 조합원은 약 3400만원의 분담금이 예상됐다.

[땅집고] 일산 신도시 강촌1,2단지 전경. /네이버지도

강촌1·2단지 및 백마1·2단지 통합재건축 분담금에 관한 2024년 11월 14일 자 기사
출처: 땅집고

짓, 사기, 선동에 의한 투자 피해가 계속해서 발생하는 것을 방지하기 위한 조치였습니다. 그러면서 1기 신도시 다섯 곳의 재건축 사업성을 전수조사해 공개했습니다. 물론 사업성은 제한을 완화하고 혜택이 늘어남에 따라 언제든지 바뀔 수 있습니다. 당시 발표에 따르면 '일산신도시→분당신도시→평촌신도시→산본신도시→중동신도시' 순으로 사업성이 좋았지만, 큰 의미를 부여할 필요는 없습니다.

위 기사는 노후계획도시 사업이 발표되고 얼마 지나지 않아 보도된 것입니다. 일산신도시의 백마1·2단지와 강촌1·2단지, 총 네 개 단지를 통합재건축 방식으로 개발하면 공짜 신축 아파트뿐 아니라 세대당 최대 3억 6,000만 원의 환급금까지 받을 수 있다는 놀라운 내용입니다. 재건축 사업성을 전문적으로 분석하는 감정평가법인에 의뢰한 것이고, 무엇보다 해당 단지들이 일산신도시에서 사업성이 가장 뛰어난 곳이 아닌데도 이런 결과가 나온 만큼, 2024년의 국토교통부 전수조사 결과가 틀리지 않았음을 알 수 있습니다. 재건축 초반 단계의 계산이라 향후 아파트 시세가 올라감에 따라 사업성은 더욱 좋아질 것으로 예상됩니다.

이때 핵심은 '통합재건축'입니다. 필지가 넓을수록 사업성은 좋아질 수밖에 없습니다. 반면 가로주택정비사업 같은 소규모 정비사업은 활용할 수 있는 땅이 부족해 지분이 넓은 연립주택을 제외하면 사업성 문제로 온전히 진행되는 경우가 잘 없습니다. 통합재건축 방식은 단지와 단지 사이에 있는 보행로, 놀이터, 공원, 각종 시설 등의 모든 땅을 편입시킬 수 있어 사업성이 떨어지는 단지가 있더라도 평균 사업성을 끌어올릴 수 있습니다. 또한 통합재건축에 따른 약간의 의무(보행로 신설, 개방형 단지 등)만 이행한다면 1단계 종상향(3종일반주거지역→준주거지역)을 해주는 것이 일반적이어서, 사업성이 크게 개선됩니다.

일산신도시에서 재건축을 추진 중인 아파트에 사는 분이라면, 이 점을 잘 기억하길 바랍니다. 만약 재건축 추진위원회에서 "우리는 통합개발 방식이 아니라 단독으로 재건축합니다"라고 주장한다면, 조용히 매도하고 나와야 합니다. 도시개발계획에 통합재건축 방식이 명시되어

국토교통부 보도자료 다시 대한민국! 새로운 국민의 나라

보도시점 : 2024. 12. 29.(일) 11:00 이후(12. 30.(월) 조간) / 배포 : 2024. 12. 27.(금)

1기 신도시 영구임대 재건축 본격 착수

- 1기 신도시 내 노후화된 영구임대주택 정비로 주거 취약계층 주거환경 개선
- 신규 공공주택 7.2천세대 추가 공급, '32년부터 본격 입주 개시

1기 신도시의 영구임대아파트 재건축부터 가시화되고 있습니다.
출처: 국토교통부

있다면 일부 단지 소유주들이 강력하게 단독재건축 방식을 주장해도 절대 인허가를 받지 못하기 때문입니다. 참고로 일산신도시는 네 개 단지씩 묶어서 재건축을 진행한다는 도시개발계획이 이미 확정되었습니다.

통합재건축에 관한 기사가 보도되고 한 달 후인 2024년 12월 29일, 국토교통부의 공식 보도자료가 나왔습니다. '1기 신도시 영구임대 재건축 본격 착수'라는 제목 때문에 실망하는 사람이 많았지만, 저는 영구임대아파트부터 재건축을 시작할 것이고, 따라서 해당 단지들에 엄청난 인센티브가 부여될 것이라고 예전부터 주장해왔습니다. 드디어 제 주장을 뒷받침할 근거가 나왔을 뿐입니다.

내용을 살펴보면, 이주 계획이 자세히 나와 있습니다. 문촌주공9단지(혼합형 영구임대아파트)의 경우 2028년에 이주해 2031년부터 순차적으로 재입주하게 됩니다. 즉 노후계획도시 사업을 10년 내에 완성할 계획을 갖고 있는 것입니다. 과연 정부가 아무런 준비 없이 이런 계획

< 영구임대 연차별 순차 이동계획(안) >

지역	영구임대	이동 계획					
		'27	'28	'29	'30~'31	'32	'33
5개	13단지(14천)						
분당	청솔6[단독](1.3천) 또는	↔	↔				
	하얀6[단독](1.5천) 또는			↔			
	목련1[단독](1.5천) 또는					↔	
	한솔7[단독](1.7천)						↔
일산	흰돌4[단독](1.1천)	↔					
	문촌7[혼합](0.6천) 또는		↔				
	문촌9[혼합](0.5천)		↔				
평촌·산본	관악[단독](0.5천)			↔			
	가야2[혼합](0.9천) 또는		↔	↔			
	매화1[혼합](1.3천) 또는						↔
	주몽1[혼합](1.2천)						↔
중동	한라1[혼합](0.9천) 또는		↔				
	덕유1[혼합](1.0천)			↔			

* 복수의 영구임대단지가 입지여건 상 동일한 임시거처로 이동할 경우 설문조사를 통해 주민 동의율 등에 따라 순서가 결정될 예정으로 추후 이동시기가 변경될 수 있음

1기 신도시의 주요 영구임대아파트 재건축 시행 계획

출처: 국토교통부

을 짰을까요? 그렇게 생각하는 분들을 위해 정부가 이미 연습 및 준비를 마쳤다는 근거를 보여드리겠습니다.

서울 노원구의 하계5단지(영구임대아파트)는 2023년에 재건축을 시작, 단 3년 만에 이주 및 철거 단계에 돌입했습니다. 현재 SH공사가 사업시행자인데, **2종일반주거지역을 준주거지역으로 종상향하는 인센티브까지 받아 초호화 역세권 아파트**로 거듭날 날만 기다리고 있습니다. SH공사가 주도하는 재건축 사업이기 때문에 행정적 인센티브를 받아 진행이 빠른 것입니다.

문촌주공9단지의 경우 절반은 임대동, 나머지 절반은 민간동인데, 이 중 임대동은 2028년이 되면 무조건 이주합니다. 하나의 필지이기

하계5단지 재건축 조감도
출처: 서울시

때문에 따로 분리해서 재건축할 수 없습니다. 보도자료의 원문을 보면, 임대동 이주 시점에 주민 50%가 동의하면 통합재건축을 허용하겠다고 합니다(사업시행자는 LH공사). 즉 문촌주공9단지는 빠르게 재건축을 진행해 2031년에 재입주가 가능한 단지입니다. 하계5단지가 준주거지역으로 종상향된 것처럼 문촌주공9단지도 통합재건축 방식이라는

< 혼합단지 이동계획 및 주민제안 허용 일정(안) >

지역	영구임대	사업 계획							
		'26	'27	'28	'29	'30	'31	'32	'33
일산	문촌7혼합(0.6천) 또는	←······	······→	←——→					
	문촌9혼합(0.5천)	←······	······→	←——→					
평촌·산본	가야2혼합(0.9천) 또는		←······→	←——	——→				
	매화1혼합(1.3천) 또는						←······	······→	←——→
	주몽1혼합(1.2천)						←······	······→	←——→
중동	한라1혼합(0.9천) 또는	←······	······→	←——→					
	덕유1혼합(1.0천)		←······	······→	←——→				

· ←··········→ 입안제안 허용시점　←————→ 영구임대 이동계획

영구임대아파트와 민간아파트의 통합재건축 시행 계획
출처: 국토교통부

인센티브를 받을 것으로 보입니다.

또한 영구임대아파트와 민간아파트를 통합개발 방식으로 재건축할 시, 재건축되는 영구임대아파트 물량을 공공기여로 인정하는 방안도 검토되고 있습니다. 재건축 아파트 소유주들이 기부채납 및 임대주택 배치 등으로 갑론을박을 펼치는 경우가 많은데, 위와 같은 정책적 혜택으로 재건축 활성화를 도모할 수 있습니다.

통합재건축 방식은 거시적 방식과 미시적 방식으로 나뉩니다. 일반적으로 두 방식 모두 인센티브가 동반되기 때문에 사업성 개선 효과가 큽니다. 거시적 방식은 백마1·2단지와 강촌1·2단지의 사례처럼 여러 아파트단지를 묶는 방식이고, 미시적 방식은 문촌주공9단지의 사례처럼 '민간동+임대동' 통합재건축 방식입니다. 결과적으로 문촌주공9단지는 거시적 방식과 미시적 방식 모두에 해당됩니다.

* 영구임대 재건축으로 나오는 공공주택을 통합재건축의 공공기여로 인정하는 방안도 검토

○ **통합재건축**을 **희망**하는 **단지**는 영구임대 단지의 **기존거주민 이동완료 목표 시점 3년 전**부터 **주민 1/2이상 동의***를 받아 관할 시에 **입안 제안**을 **허용**할 계획이다.

* 노후도시법 제11조제2항에 따른 정비계획 입안제안 시 토지등소유자 1/2 동의 필요

○ **연차별 혼합 영구임대주택 재건축 물량**은 **'25년 중 마련**될 **지자체별 순차정비방안**과 **연계**하여 지자체가 관리하는 **연차별 정비구역 지정물량 범위 내**에서 **추진**한다.

영구임대아파트와 민간아파트의 통합재건축 시 인센티브

출처: 국토교통부

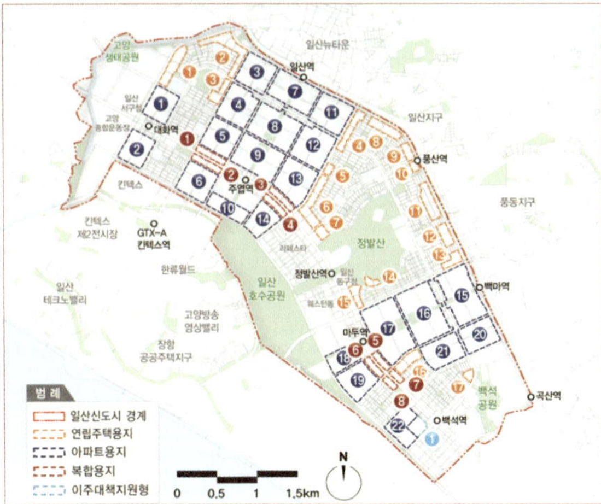

일산신도시 재건축 계획
출처: 고양시

참고로 고양시는 특례시로, 기초자치단체이지만 광역자치단체에 준하는 행정력을 갖습니다. 예를 들어 강남구청장(기초)은 재개발 지정 권한이 없어 서울시장(광역)에게 재청해 인허가를 받아야 합니다. 반면에 특례시는 기초자치단체이지만 재량권을 광범위하게 인정받습니다. 그래서 고양시의 도시개발계획은 공신력이 상당하다고 봐야 합니다.

해당 도시개발계획을 보면 네 개 단지씩 묶어 재건축하고자 합니다. 위 지도에서 문촌주공9단지는 9번에 있는데, 공교롭게도 역세권입니다. 또한 인천2호선 연장으로 더블 역세권이 될 예정입니다. 한편 7번의 네 개 단지는 일산역세권이라는 이유로 종상향 인센티브를 받아 준주거지역이 된 결과 시세가 상승했습니다. 문촌주공9단지도 현재 3종 일반주거지역이지만 역세권사업을 통해 준주거지역으로 종상향될 만한 곳입니다.

정리해보면 문촌주공9단지는 두 가지 방식의 통합재건축이 진행되는 곳으로, 속도도 빠르고 사업성도 좋은 데다가 역세권사업을 통해 준주거지역 이상으로 종상향될 가능성도 큽니다. 즉 일산신도시를 통틀어 재건축이 가장 빠르게 진행되고 사업성도 최고인 아파트가 될 것입니다. 물론 정비사업은 사람이 하는 것이기 때문에 늘 조심스러울 수밖에 없습니다. 이렇게 뛰어난 조건을 가졌는데도 추진위원회에서 "단독재건축 합시다!"라고 나서면 진행이 굉장히 느려질 수 있습니다. 정책 결정자를 이긴 사례가 별로 없다는 사실을 명심하기 바랍니다.

적정 가격(투자 수익)

문촌주공9단지의 시세를 보면 지난 상승장 때 단지 상승장이라는 이유만으로 올랐기 때문에 하락기가 되자 그대로 떨어졌다는 것을 알 수 있습니다. 하지만 이제는 본격적으로 재건축을 추진 중이기 때문에 전고점을 매우 빠르게 회복할 것입니다. 2025년 기준 준공연도 31년 차에 3종일반주거지역인 문촌주공9단지의 용적률은 129%로, 사업성이 준수한 편입니다. 다만 이 정도 용적률이면 일반적으로 5층 높이여야 하지만 문촌주공9단지는 그보다 높습니다.

용적률이 낮은 이유는 땅이 넓기 때문입니다. 실제로 가서 보면 서너 동을 더 지어도 될 만큼 땅이 넓습니다. 그 이유는 일산택지개발지구

2025년 11월 문촌주공9단지 시세

출처: 호갱노노

개발 당시 제2차 한국전쟁을 상정해 아파트 주차장을 유사시 탱크 진지로 활용할 수 있게끔 넓게 만들었기 때문입니다. 일산신도시의 거의 모든 아파트단지가 북쪽을 향해 출입구를 낸 것도, 또 도시 자체를 바둑판 모양으로 설계한 것도 비슷한 이유입니다.

이 덕분에 아파트들의 높이가 낮고 땅이 넓어 재건축 사업성이 크게 개선되었습니다. 일산신도시는 서울공항이 있는 분당신도시와 달리 고도제한과 같은 문제도 없습니다. 이 또한 호재입니다.

지난 상승장 때 킨텍스역세권 대장 아파트인 킨텍스원시티2블럭의

문촌주공9단지의 현재 모습. 아파트의 높이가 낮고 주차장이 매우 넓습니다.

실거래가는 최고가 기준 16억 2,500만 원이었습니다. 만약 일산신도시의 일자리사업과 노후계획도시 사업이 잘 진행되고, 문촌주공9단지가 준주거지역으로 종상향되어 2031년에 50층짜리 신축 아파트로 재탄생한다면 저 시세를 넘어설까요, 못 넘어설까요? 여러분의 생각은 어떠한가요?

저는 충분히 넘어설 것으로 봅니다. 그래서 현재 일산신도시 재건축 아파트들의 가격은 적정가 수준이라고 판단하고 있습니다. 현재 기준 전세보증금 2억 원을 끼고 1억 5,000만 원만 투자하면 훗날 16억 원까지 상승했을 때 투자 마진만 12억 5,000만 원에 달합니다. 여기에 환급금으로 3억 원을 더 받는다면, 1억 5,000만 원을 투자해서 6년 만에 15~16억 원의 수익을 올릴 수 있는 것입니다.

문촌주공9단지를 언급했다고 해서 무턱대고 이곳에 투자하면 안 됩니다. 워낙 여러 가지를 공부할 수 있는 곳이기 때문에 언급했을 뿐입니다. 일산신도시에는 문촌주공9단지보다 뛰어난 재건축 아파트 투자처가 많으니, 지금까지 설명한 방법을 숙지한 다음 잘 찾아보시기 바랍니다.

6장

기세가 뛰어난 재건축

5장에서 말씀드린 세 가지 요소도 매우 중요하지만 이에 못지않은 것이 바로 '사람'입니다. 앞에서 언급했듯이 조건이 뛰어난 사업인데도 사람이 망치는 경우가 종종 있습니다. 지나친 욕심이 결국 사업을 망치는 것입니다.

6장에서 소개할 곳은 경기도 광명시에 있는 하안주공아파트입니다. 지난 상승장 때 이곳은 유망한 투자처였습니다. 하지만 재건축 사업을 본격적으로 추진하지 않았기 때문에 일산신도시의 아파트들과 마찬가지로 시세가 하락한 상태입니다. 이 하안주공아파트에도 노후계획도시 사업이 답이 될 수 있습니다. 노후계획도시 사업은 1기 신도시와 비슷한 연한의 계획도시 사업지들을 모두 포함하기 때문입니다. 그렇게 만 된다면 본격적으로 재건축을 진행할 수 있는 곳인 만큼 하안주공아파트의 시세도 일산신도시의 재건축 아파트들처럼 상승할 것입니다.

광명시에는 기세가 강한 투자자들이 많습니다. 사실 하안주공아파트의 경우 소형 평형이 워낙 많고 땅의 용도도 좋지 못해 상계주공·창동주공아파트보다 사업성이 좋지 않습니다. 그렇지만 정비사업을 적극적으로 추진하는 곳이어서, 그동안 수없이 임장을 다니면서도 재건축 사업에 부정적인 반응을 보지 못했습니다.

아무리 사업성이 좋지 않아도 적극적으로 추진해 투자자가 몰리면 시세가 오르면서 사업성이 개선되는 경우가 많습니다. 이런 일을 광명시 투자자들이 매우 잘하기 때문에, 만약 재건축이 시작만 된다면 하안주공아파트의 미래는 크게 걱정되지 않습니다.

다음 지도에서 노란색으로 표시된 곳이 7광역중심의 일자리 거점 중 하나인 가산·대림입니다. 옛 구로공단 일대를 IT 관련 일자리 거점으로 개발한 곳이죠. 이곳의 배후주거지가 필요했는데, 구로구의 재개발 사업지들이 대거 무너지면서 안양천 너머의 광명시가 반사이익을 보았습니다. 광명뉴타운 재개발, 철산주공아파트 재건축 사업들이 거침없이 진행되었는데, 광역거점의 배후주거지라는 명분 덕분에 시세가 치솟았습니다.

광명시는 재개발, 재건축, 비주택 재건축, 택지개발사업, 도시재생, 소규모 정비사업 등 거의 모든 개발을 해봤기 때문에 행정력이 서울의

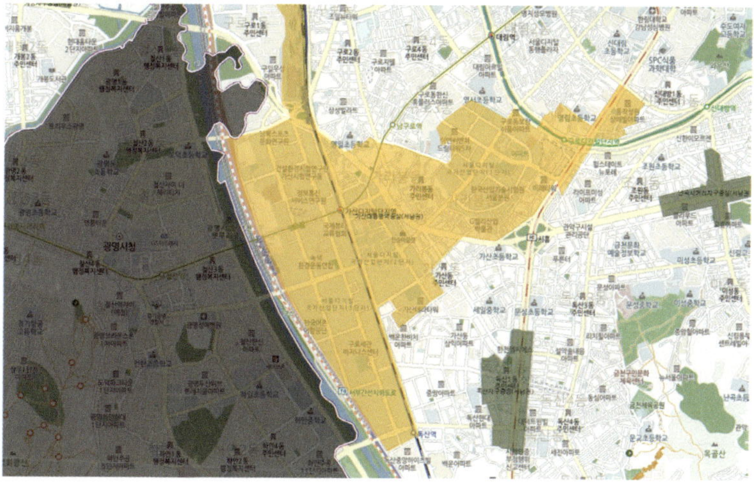

가산·대림의 범위
출처: 서울시

웬만한 자치구보다 뛰어납니다. 그리고 이제는 노후계획도시 특례법을 등에 업은 하안주공아파트가 재건축될 차례입니다.

다시 한번 강조하지만 하안주공아파트 투자자들의 기세와 실력은 정말 뛰어납니다. 재건축 초반부터 도시개발계획을 정확히 파악해 관이 원하는 방향으로 진행하겠다는 의지를 명확하게 보여주고 있습니다. 이처럼 높은 수준의 투자자들은 전국 어디를 가더라도 보기 어렵습니다. (임대주택도 공공보행로도 없는) **웅장한 조경의 초고층 대단지 아파트 개발** 따위의, 도시개발계획과 전혀 맞지 않는 망상에 가까운 주장으로 시간을 낭비하는 게 일반적입니다. 지금부터 소개할 사례는 하안주공아파

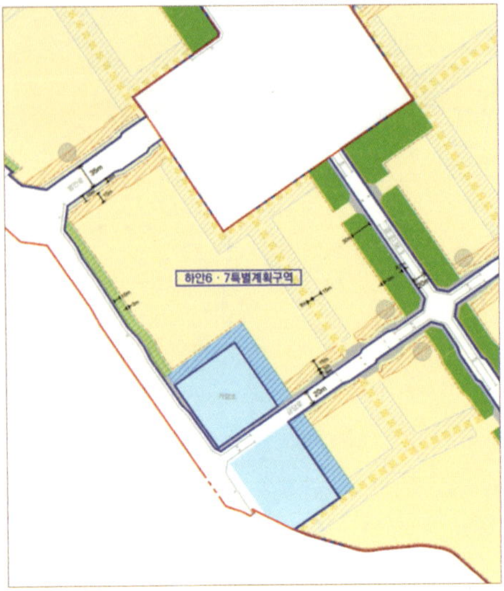

하안주공6·7단지 통합재건축

출처: 광명시

트 투자자들의 통찰을 담고 있습니다. 현장을 뒤덮은 현수막 퍼레이드가 그 증거입니다.

하안주공아파트의 수많은 단지 중에서 사업성만 본다면 6단지와 7단지가 가장 유망할 것입니다. 그 이유를 자세히 설명하겠습니다. 사업성은 결국 재건축 속도에 영향을 미치기 때문에, 수익을 빠르게 만들고 싶다면 이러한 분석법을 반드시 익혀야 합니다.

광명시의 도시개발계획을 보면 필지가 나뉜 하안주공6·7단지를 '하안6·7특별계획구역'이라는 이름으로 묶고, 단지 내에 보행로(노란색 점선)를 표시해놓았습니다. 이는 곧 하안주공6·7단지의 통합재건축을 의미합니다. 5장에서 보았듯이 통합재건축 방식은 사업성을 개선해 속

구분	계획지침	비고
특별계획구역	· 104,527.5㎡ ※ 특별계획구역은 토지소유자 간 합의가 이루어지지 않을 경우 도시계획 관련 위원회 심의를 통해 필지선을 경계로 분할 가능	-
용도지역	· 제2종일반주거지역 → 제3종일반주거지역	세부개발계획 수립 시 용도지역 상향

<table>
<tr><td rowspan="3">건축물 밀도</td><td>건폐율</td><td>· 50% 이하</td><td>-</td></tr>
<tr><td>용적률</td><td><table><tr><th>기준용적률</th><th>허용용적률</th><th>상한용적률</th><th>중첩용적률</th></tr><tr><td>220% 이하</td><td>250% 이하</td><td>280% 이하</td><td>330% 이하</td></tr></table></td><td>-</td></tr>
<tr><td>최고높이</td><td>· 130m 이하
※ 세부개발계획 수립 시 경관특화를 위해 필요한 경우 도시계획 관련 위원회 심의를 통해 조화로운 스카이라인 형성에 지장이 없는 범위 내에서 최고높이 완화 가능</td><td>-</td></tr>
</table>

하안주공6·7단지 재건축 용도지역 변경 계획(위) 및 용적률 계획(아래)
출처: 광명시

도를 높입니다.

도시개발계획에는 통합재건축에 대한 반대급부로 기존 2종일반주거지역을 3종일반주거지역으로 종상향해주는 인센티브도 포함되어 있습니다. 재개발의 경우 용적률을 30%만 올려줘도 사업성에 큰 도움이 된다는 것을 아는 전업 투자자라면, 이것이 얼마나 큰 특혜인지 잘 알 것입니다.

또한 '중첩 용적률'이라는 규정이 신설되어 통합재건축 시 용적률을 330%까지, 최고높이를 130미터까지 높일 수 있게 되었습니다. 이를 적용하면 3종일반주거지역의 아파트를 무려 43층까지 올릴 수 있습니

신천·하안·신림선 경제성 확보 보도자료
출처: 광명시

다. 3종일반주거지역에서는 30층 정도로 짓는 게 일반적이기 때문에 통합재건축 이행으로 엄청난 혜택을 받는다고 보면 됩니다.

역세권 아파트를 재건축할 경우 준주거지역으로 종상향해주는 최근 흐름을 볼 때 하안주공6·7단지도 그럴 가능성이 있습니다. 종상향이 확정된다면 현재 기준 하안택지개발지구 내에서 사업성이 극강으로 좋은 단지가 될 것입니다.

신천·하안·신림선은 그동안 교통의 불모지였던 광명시와 시흥시의 오랜 숙원 사업입니다. 경제성을 확보하지 못해 계속 탈락하다가, 광명시는 하안주공아파트 재건축을 빠르게 진행함으로써 늘어나는 인구를 명분 삼아 그리고 시흥시는 3기신도시 사업 덕분에 늘어나는 인구를 명분 삼아 다시 한번 추진에 나섰고, 끝내 사전타당성 조사 용역에서 경제성이 있다는 결과를 얻었습니다. 추후 열릴 국토교통부 교통망 관련 회의에서 정식으로 확정되어 발표될 것으로 예상됩니다. 그렇게 되면 광명우체국 사거리는 역세권이 될 텐데, 공교롭게도 이곳에 하안주공6·7단지가 있습니다. 역세권사업은 완성된 역세권뿐 아니라 계획이 확정된 역세권도 포함합니다. 하안주공6·7단지의 똑똑한 투자자들은 이 점을 적극적으로 어필해 준주거지역으로의 종상향 인센티브를 받아낼 것입니다. 정말 그리된다면 분담금을 내는 게 아니라 환급금을 받는 재건축이 될 것입니다.

다음 이미지를 보면, 먼저 재건축된 철산동 신축 아파트의 분양가는 평당 4,600만 원으로, 그중 대장 아파트는 평당 5,160만 원에 달합니다. 이번 상승장 말기에 해당 아파트들이 평당 6,000~7,000만 원까지 오른다면, 현재 평당 2,000만 원 초중반인 하안주공6·7단지는 과연 얼마나 오를까요? 10년 내에 빠르게 재건축되기만 한다면 분양가가 평당 6,000만 원 이상 될 것은 물론이고, 추후 평당 8,000만 원도 가능할 것으로 보입니다. 그래서 현재 하안주공6·7단지의 시세가 매우 저렴하다고 판단하는 것입니다. 비록 하안주공아파트의 사업성이 전반적으로 뛰어난 편은 아니지만, 똑똑하면서 기세가 대단한 투자자들이 활약하는 만큼 여느 1기 신도시의 재건축 아파트 못지않게 성공적으로 사업이 완수될 것입니다.

2025년 11월 철산동 신축 아파트의 시세(위)와 하안주공6·7단지의 시세(아래)

출처: 호갱노노

7장

가장 크게 오를 재건축

7장에서 소개할 곳은 7광역중심 중 하나인 창동·상계의 재건축 아파트입니다. 1부에서 거점의 급이 같으면 결국 가격이 같아진다고 설명했습니다. 가장 마지막으로 지정된 광역중심인 창동·상계는 이제 막 개발이 시작되었지만, 결국 용산의 가격과 비슷해질 것입니다. 이러한 이유로 창동·상계에서 사업성이 좋아 속도가 빠를 것으로 예상되면서도 가격이 적정한 재건축 아파트를 찾는 것이 매우 중요합니다.

창동·상계에서도 핵심 개발사업은 당연하겠지만 일자리사업입니다. 이에 따른 후속 사업이 상권 개발, GTX-C, 배후주거지 개발입니다. 현재 창동역세권 개발과 서울아레나 개발 등이 빠르게 진행되면서

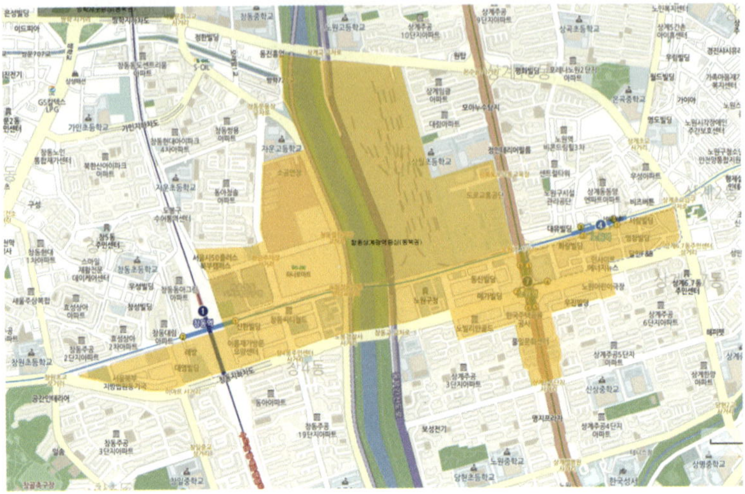

창동·상계의 범위(창동역과 노원역)
출처: 서울시

상업지역의 가격이 꾸준히 상승하고 있는데, 본격적인 개발은 아직 시작도 하지 않았다는 점이 투자자들을 흥분시키고 있습니다.

본래 창동·상계는 전형적인 베드타운입니다. 이 때문에 아직도 창동·상계의 미래를 부정적으로 전망하는 사람들이 많습니다. 게다가 아파트 일변도로 개발했기 때문에 향후 일자리사업으로 늘어날 인구를 수용하기에는 인프라와 상업지역이 턱없이 부족한 편입니다.

상업지역을 늘릴 만한 땅도 부족하기 때문에 저는 2019년부터 계속해서 상계주공·창동주공아파트의 일부 단지가 준주거지역 및 상업지역으로 종상향되어 복합개발 방식으로 재건축될 것이라고 주장했습

상계택지개발지구 마들역세권 재건축 아파트 종상향 계획
출처: 서울시

니다. 그러면서 콕 짚었던 단지들이 상계주공3·10·11단지, 창동주공3·19단지, 창동동아아파트였습니다. 이 모든 단지가 최근 준주거지역으로 종상향되었습니다. 부족한 상권을 강화해야 하는데, 상업 기능을 할 땅이 부족한 탓에 아파트까지 활용하는 것입니다.

최근에는 노후계획도시 사업지인 상계택지개발지구 마들역세권의 복합개발 방안이 발표되었습니다. 기존 3종일반주거지역을 준주거지역으로, 준주거지역을 상업지역으로 종상향해 주상복합을 짓고 저층부에 상가를 넣는 방식으로 베드타운의 부족한 상업 기능을 강화한다는 전략이 담겼습니다. 즉 창동·상계 개발사업은 기본적으로 일자리사업이지만 정작 가장 중요한 것은 상권을 강화하는 것입니다. 이는 상계주공·창동주공아파트 일대까지 종상향 인센티브를 적극적으로 부여하겠다는 의미로 해석해야 합니다.

2020년 서울시는 전문 기관에 연구용역을 발주해 복합개발 필요성이 있는 아파트들을 추렸습니다. 해당 아파트들은 향후 파격적인 인센티브 덕분에 재건축 사업이 빠르게 진행되며 엄청난 시세 상승을 기록

- 광역중심 연접블록은 '2030 서울플랜'상 광역중심에 연접하고, 역세권[1] 250m이내 포함된 단지를 우선검토대상으로 선정

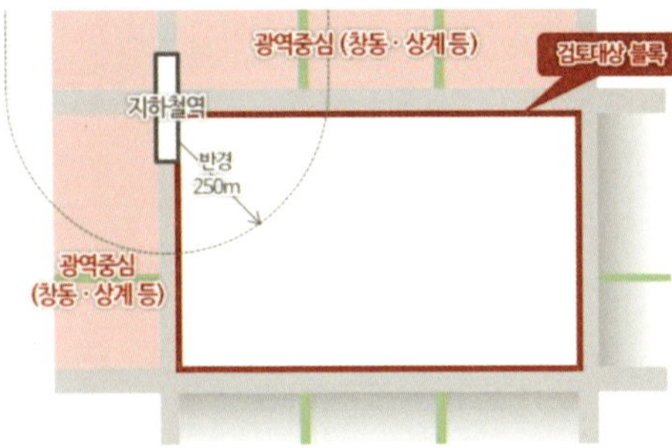

- 광역중심 연접블록으로 검토된 대상지는 아래와 같으며, 추후 지구단위계획 수립 및 재정비시 지구여건을 종합적으로 검토하여 계획적 개발 유도

권역	지구	검토 대상
동북권역	상계(1,2단계)	◦상계주공3,6,7,10단지
	상계(3단계)	◦동아
	창동	◦창동주공3단지

2020년 대규모 택지개발지구 도시관리방안 수립용역
출처: 서울시

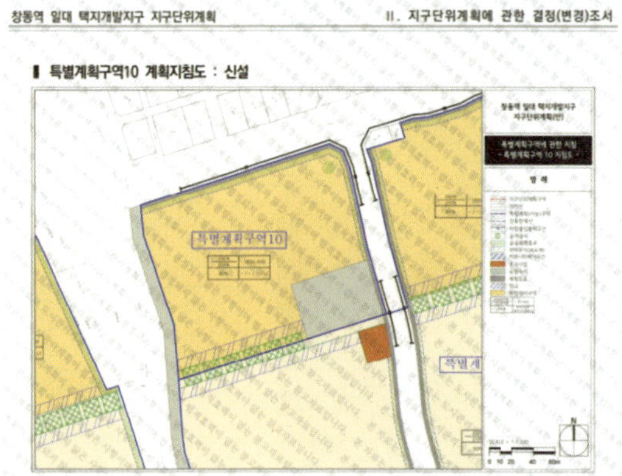

창동역 일대 택지개발지구 지구단위계획(안)
출처: 서울시

할 것입니다. 도시개발계획을 면밀하게 공부해야 하는 이유입니다.

한편 2025년 9월 '창동역 일대 택지개발지구 지구단위계획구역 및 계획 결정(안)'이 발표되었습니다. 이를 통해 창동주공19단지가 준주거지역으로 종상향되었습니다. 지난 2020년의 연구용역에서는 제외되었던 곳입니다.

창동동아아파트(위)와 창동주공19단지(아래)

노후계획도시 사업지인 창동택지개발지구의 창동동아아파트와 창동주공19단지는 준공된 지 30년이 넘은 데다가 3종일반주거지역입니다. 개인적으로 정밀하게 분석해본 결과, 종상향 없이 현재 규정으로만 재건축 사업을 진행해도 사업성이 준수한 곳들입니다. 이번에 준주거지역으로 지정된 모든 단지의 사업성이 우수하겠지만, 유독 이 두 곳의

창동역 일대 택지개발지구 지구단위계획 II. 지구단위계획에 관한 결정(변경)조서

(10) 특별계획구역10 계획지침 : 신설

구 분		내 용	비 고
위치		• 창동 26 (동아아파트)	
면적(㎡)		• 30,722.4㎡	
용도지역		• 제3종일반주거지역 - 복합정비구역은 세부개발계획 수립 시 준주거지역으로 상향 검토 (상향범위 및 위치 등은 세부개발계획에 따라 위원회 심의를 거쳐 결정)	
공공시설 등 계획	공원	• 위치 준수 : 「공원녹지법」 정비사업 의무면적 이상 확보	
	도로	• 노해로, 노해로70길 각 3m, 3.5m 확폭(추후 교통영향평가 반영)	
	기타	• 세부개발계획 수립 시 지역 필요시설 수요조사 후 우선 도입 - 공공체육시설을 우선적으로 검토하되, 시·구 협의를 통해 시설 용도 및 의무확보 사항 결정	
건축물 용도	허용용도(가)	• 공동주택 및 부대복리시설	
	허용용도(나)	[복합정비구역] • 공동주택 및 부대복리시설 • 비주거시설 - 업무시설(오피스텔 포함), 판매시설, 문화집회시설(공연장, 전시장) - 비주거시설 도입 시 저층부(1·2층) 우선 배치	
	불허용도	• 허용용도 이외 용도	
건축물 밀도	건폐율	• 제3종일반주거지역 : 50% 이하, 준주거지역: 60% 이하	
	용적률	• 기준/허용/상한 용적률 - 제3종일반주거지역 : 210% 이하/230% 이하/250% 이하 - 복합정비구역 : 210% 이하/230% 이하/400% 이하	
	높이	• 제3종일반주거지역 : 150m 이하 • 복합정비구역 : 180m 이하	
건축선	건축한계선	• 노해로변 : 5m, 노해로70길변 : 3m	지침도 참조
건축물 배치 및 형태	커뮤니티 배치구간	• 개방형 커뮤니티시설 설치 시 배치구간에 배치 권장 - 저층부(2층 이하)에 배치 - 입주민만 이용할 수 있는 시설 설치 금지	지침도 참조
	공공 보행통로	• 폭 7.5m(건축한계선) - 공공보행통로에는 자전거/PM 통로 설치 및 연속된 가로수 식재 • 공공보행통로변 통경확보를 위한 건축배치를 고려하고 개방감있는 경관 창출	
	기타	• 그 밖의 사항은 건축물의 형태 및 경관계획에 관한 결정(변경)내용 참조	
교통처리	차량출입 불허구간	• 교차로 차량출입불허구간 지정	지침도 참조

주1) 기반시설(도로, 공원 등)은 위치 및 조성지침 준수하되, 위치조정, 면적 및 용도 등은 세부개발계획수립 시 결정
주2) 복합정비구역의 의무공공기여 비율 10% 이상
주3) 용적률 체계(인센티브항목 포함) 등은 「2030 도시주거환경정비기본계획」에서 정하는 기준을 따르며, 기본계획 변경 시 변경된 내용을 따름
주4) 상업업무기능 지원 및 자족 생활기반 조성을 위해 복합정비구역 내 비주거시설(준주택 및 생활숙박시설 제외)을 용적률의 10% 이상 지상층에 설치 권장
주5) 세부개발계획 수립 시 3차원 시뮬레이션 등을 통해 위원회 심의를 거쳐 높이완화 가능
주6) 복합정비구역에 관한 건폐율, 용적률, 높이, 공공기여 비율에 관한 사항은 세부개발계획 수립을 통해 준주거지역으로 상향 시 적용

59

창동동아아파트 재건축 계획(안)
출처: 서울시

사업성이 뛰어난 이유입니다.

창동동아아파트(특별계획구역10)의 재건축 계획을 살펴보면, 복합개발임을 명시하는 한편, "준주거지역으로 종상향 검토", "저층부(1~2층) 상가 배치", "최고높이 180미터(아파트 60층 높이)" 등의 파격적인 혜택을 부여하고 있습니다.

창동주공19단지(특별계획구역11)도 창동동아아파트와 동일한 인센티브를 받았습니다. 인접한 창동동아아파트와 창동주공19단지가 개별 재건축뿐 아니라 통합재건축을 통해서도 광역중심에 걸맞은 웅장한 대단지 아파트가 되길 바랍니다.

7장의 핵심은 이들 아파트를 매수해야 한다는 것이 아니라, 도시개발계획 확정 이전 단계인 연구용역 단계의 내용까지, 또는 서울연구원의 논문 내용까지 검토해 결국 인센티브를 받아낼 단지를 찾아내야 한다는 것입니다.

8장

다크호스 재건축

'다크호스'의 사전적 의미는 '아직 잘 알려지지 않았으나 뜻밖의 변수로 작용할 수 있는 유력한 경쟁자'입니다. 여기에서의 핵심은 '뜻밖의 변수'라고 생각합니다. 창동·상계 상업지역의 시세가 한순간에 평당 1억 2,000만 원이 된 이유도 정책결정자가 이곳을 도시개발계획상 주요 개발지로 지정했다는 뜻밖의 변수 때문입니다.

그래서 8장에서는 현재 매우 저평가되었지만, 서울시가 추진할 뜻밖의 정책으로 수혜를 볼 아파트들을 소개하고자 합니다. '뜻밖에'라고 표현했지만, 현실이 될 가능성이 꽤 큰 내용들이니 끝까지 집중하기 바랍니다.

7장에서 살펴본 상계택지개발지구 마들역세권 복합개발(3종일반주거지역→준주거지역)은 그 내용이 정말 파격적입니다. 무엇보다 서울시 역세권사업의 실제 사례라는 점에서 매우 귀중합니다. 안타깝게도 이러한 역세권사업은 도심 거점이나 광역중심 거점에서만 진행되고 있고, 위계가 낮은 지역에서는 영구임대아파트를 제외하면 그 사례를 찾아볼 수 없습니다.

하지만 지금까지의 모든 도시개발계획이 꼬리에 꼬리를 물고 진화, 발전했듯이 서울시의 지역 거점과 지구 거점, 심지어 비거점 지역에도 언젠가는 역세권사업이 진행될 것으로 생각하며, 어쩌면 이번 상승장 동안 실제 사례가 나오지 않을까 예상해봅니다. 계속 거점 지역만 개발하면 한 도시 내에서도 개발 격차가 커질 수밖에 없습니다. 최근 서울시의 행정은 이러한 격차를 줄이기 위해 거점과 거점을 잇는 '선의 개발'을 지향하는 것으로 보입니다.

다시 말해 거점과 거점 사이, 즉 비거점 지역의 개발도 고려하고 있다는 것입니다. 실제로 최근 나오고 있는 서울시의 연구용역들을 살펴보면 비거점 지역의 개발 방안을 수립하기 위한 노력이 엿보입니다. 서울시의 행정은 결국 전국으로 퍼져나가기 때문에 다크호스라는 단어만 보고 8장의 내용을 경시하지 않았으면 합니다. 마지막 8장에서 소개할 아파트들은 급이 낮은 거점에 있지만 역세권사업 규정을 적용받아 천지개벽할 곳들입니다. 가장 먼저 적용받게 되는 곳들은 전례를 고려했을 때 노후계획도시 사업지 내의 역세권 단지이면서 임대동이 섞

월계주공2단지

인 단지일 것으로 예상됩니다.

처음 소개할 단지는 노후계획도시 사업지인 월계택지개발지구 내에 있는 월계주공2단지입니다. 인근에 광운대역세권 개발사업지, 고분양가로 논란이 된 서울원 아이파크, 미성·미륭·삼호3차 재건축 아파트, 장위뉴타운 재개발 사업지 등 투자자라면 단번에 알아볼 굵직한 사업지들이 많아 재건축 사업이 원활하게 진행되기만 한다면 주변 시세의 영향으로 월계주공2단지도 꽤 준수한 시세를 기록할 것입니다. 실제로 2025년 기준 준공연도 34년 차에 3종일반주거지역인 월계주공2단지의 재건축 사업성은 월계택지개발지구 내에서 가장 우수합니다.

다음 지도에 표시된 '서울월계4'는 이곳이 택지개발지구라는 뜻입니다. 즉 준공된 지 30년 이상 된 노후계획도시 사업지라는 의미입니다. 그리고 또 하나 중요한 사실이 있습니다. 해당 지도를 보면 월계주공

월계주공2단지(+1단지)의 범위 및 택지개발지구
출처: 택지정보시스템

1단지와 2단지가 하나의 필지로 묶여 있습니다. 마치 문촌주공9단지의 사례를 보는 듯합니다. 즉 문촌주공9단지의 규정을 준용해 LH공사를 사업시행자로 하는 **'통합재건축+인센티브'**가 가능하다는 의미입니다.

월계주공2단지는 동북선 개통이 예정되어 있어 차후 역세권사업 규정을 적용받게 될 것으로 보입니다. 비록 영구임대아파트이지만, 인근의 급이 낮은 거점 중에서 하계5단지가 역세권사업 규정을 적용받았기 때문에 다른 '민간동+임대동' 혼합 단지들도 시간문제일 뿐 충분히 적용받을 것으로 판단됩니다.

마지막으로 소개할 아파트는 2025년 기준 준공연도 31년 차에 3종

월계주공2단지 인근 동북선 공사 현장

방화5단지

일반주거지역인 방화5단지로, 노후계획도시 사업 예정지인 방화택지개발지구 내에서 사업성이 가장 뛰어난 곳입니다. 다만 김포공항이 지근거리에 있어 고도제한의 영향을 받습니다. 이는 방화재정비촉진지구(방화뉴타운) 재개발이 오랫동안 진행되고 있는 이유이기도 합니다.

하지만 지난 70년간 전 세계적으로 민간공항 주변 도시들이 고도제

김포공항 고도제한 70년 만에 대전환 "더 이상 고장난 레코드는 없다"

2025-09-15 조회수 144

작성자 홍보소통과 | **전화번호** 02-2600-1739 | **담당부서** 도시전략과

진교훈 강서구청장, 11일 마곡안전체험관에서 기자설명회 개최
ICAO 국제기준 개정에 따른 변화와 강서구 적용방안 발표
"지역 여건 반영, 항공안전과 도시발전 두 마리 토끼 잡겠다"

"고장난 레코드처럼 수십 년 반복된 '고도제한 완화' 구호를 이제 실행으로 바꾸겠습니다."

진교훈 서울 강서구청장은 9월 11일 마곡안전체험관에서 열린 기자설명회에서 이같이 밝히며, 국제민간항공기구(ICAO) 국제기준 개정에 따른 변화와 김포공항에 대한 구체적 적용방안을 제시했다.

이번 발표는 항공안전과 도시개발의 조화를 명시한 국제기준 변화에 맞춰, 실제 운항절차에 근거한 합리적 고도관리 체계를 마련해 주민 삶과 도시 잠재력을 회복하기 위한 것이다.

◆ 70년 만의 국제기준 개정, 안전과 개발의 균형 명문화

ICAO는 지난 8월 항공고도 관리 기준을 70년 만에 전면 개정했다. 기존 단일 기준인 '장애물 제한표면(OLS)'을 '장애물 금지표면(OFS)'과 '장애물 평가표면(OES)'으로 세분화해 필수 구역은 철저히 보호하되 불필요한 제한은 완화할 수 있도록 한 것이 핵심이다.

"사용하지 않는 표면은 보호할 필요가 없으며, 안전에 영향을 주지 않는 구역은 개발을 위해 해제할 수 있다"는 원칙이 개정서문에 명시됐다. 새로운 기준은 2030년 11월 전면 시행 예정이나, 각국은 자국 여건에 따라 조기 도입할 수 있다.

김포공항 고도제한 완화에 관한 보도자료
출처: 강서구청

한 탓에 노후화되자, 국제민간항공기구는 2030년부터 고도제한을 전면 완화하기로 결정했습니다(각국의 여건에 따라 조기 시행 가능). 이로써 이번 상승장 기간에 방화5단지의 본격적인 재건축 사업 추진을 기대해볼 수 있게 되었습니다.

다음 지도에 표시된 '서울방화'는 이곳이 택지개발지구라는 뜻입니다. 특히 '서울'이라는 단어는 서울시가 주도해 개발하는 사업지임을 나타냅니다. 방화역세권에 있는 방화5단지는 차후 5호선을 따라 김포시와 연결될 수 있기 때문에 유동인구가 더 늘어날 것으로 보입니다. 고도제한 완화와 역세권사업이 가능한 조건 그리고 월계주공2단지처럼 민간동(방화5단지)과 임대동(방화6단지)이 하나의 필지로 묶여 있다는

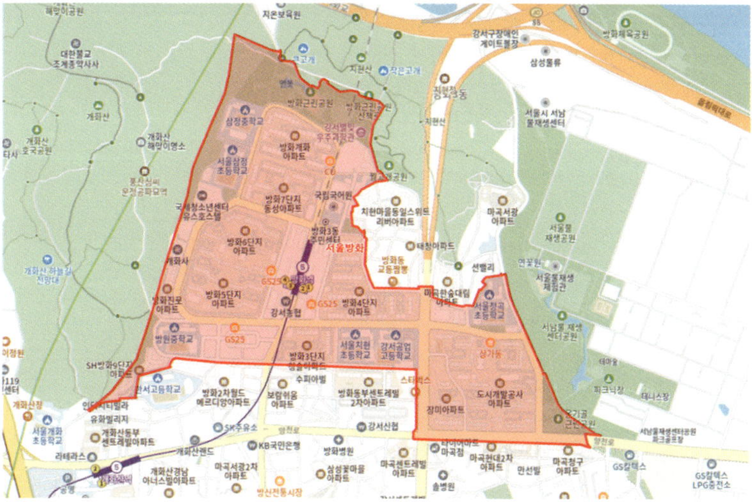

방화택지개발지구의 범위

출처: 택지정보시스템

점에서 SH공사를 사업시행자로 하는 통합재건축을 노려볼 수 있습니다. 즉 '노후계획도시+역세권+통합재건축+고도제한 완화'라는 카드를 모두 가진 다크호스 중의 다크호스입니다.

8장에서 다룬 아파트들은 아직은 조금 이르더라도 가격이 낮을 때 매수한 다음 그동안 억눌려 있던 시세가 정책에 자극받아 크게 상승할 때 매도할 수 있는 조건을 모두 가지고 있습니다. 이런 조건들이 발현될 시점에는 지방 노후계획도시 사업도 어느 정도 활성화되어 소액의 투자금만으로도 1~2억 원 정도는 쉽게 수익을 만들 수 있지 않을까 예상해봅니다. 여러분의 성공적인 투자를 기원합니다.

맺는말

결국 내가 정답이다

이 책은 부동산 투자서로서의 역할을 넘어, 인생에서 가장 중요한 경제적 환경을 풍요롭게 가꾸는 기본 원리에 관한 이론서입니다. 난해함을 덜기 위해 비교적 간결하게 구성했지만, 실제 사례와 합리적인 근거를 통해 숙지하는 데 부족함이 없도록 노력했습니다. 만약 한층 더 깊이 있는 공부를 원하는 분이라면 제가 운영하는 네이버 카페 '서집달'의 칼럼이나 제 기존 저서들을 참고하기 바랍니다.

이 책을 통해 얻은 정보들은 절대로 남에게 공유하지 말고, 일종의 비기처럼 혼자만 간직하면 좋겠습니다. 아무리 좋은 정보라도 공유되기 시작하면 정보가 아니라 지식이 되어버립니다. 이러한 사실을 잘 알면서도 이 책을 쓴 이유는 저를 통한 성공 사례가 세상에 많아졌으면 하기 때문입니다.

저는 오랫동안 연구에 연구를 거듭한 끝에 부자가 되는 저만의 공식을 완성했습니다. 주변의 조언과 도움을 받았다면 더 쉬운 길을 찾았을지 모릅니다. 하지만 결국 **내가 정답이고 정답이어야 한다**는 원칙을 고수했기 때문에 시간은 조금 더 걸렸지만 결국 저만의 성공 방식을 만들었습니다.

물론 모든 과정이 좋지만은 않았습니다. 그렇지만 원칙을 고수한 덕분에 당당하게 여러분에게 소개하고 권할 수 있게 되었습니다. 현재는 긴 연구와 수많은 시도 끝에 비로소 확실한 결과물도 생기고 있습니다. 여러분 또한 이 책을 토대 삼아 궁극적으로는 **각자만의 성공 방식**을 만들면 좋겠습니다. 제 이론은 여러분을 통해 더욱 세련된 꼴로 거듭 태어날 것입니다. 기대하겠습니다. 그리고 응원합니다.

주변의 목소리에 지나치게 귀 기울이지 마십시오. 결국 **내가 정답이어야** 합니다.

가문을 일으키는 법

2026년 1월 27일 초판 1쇄 발행

지은이 엄재웅
펴낸이 김재범
표지디자인 검정글씨
펴낸곳 (주)아시아 | **출판등록** 2006년 1월 27일 | **등록번호** 제406-2006-000004호
주소 경기도 파주시 회동길 445
전자우편 bookasia@hanmail.net

ISBN 979-11-5662-813-2 (03320)
값은 뒤표지에 있습니다.

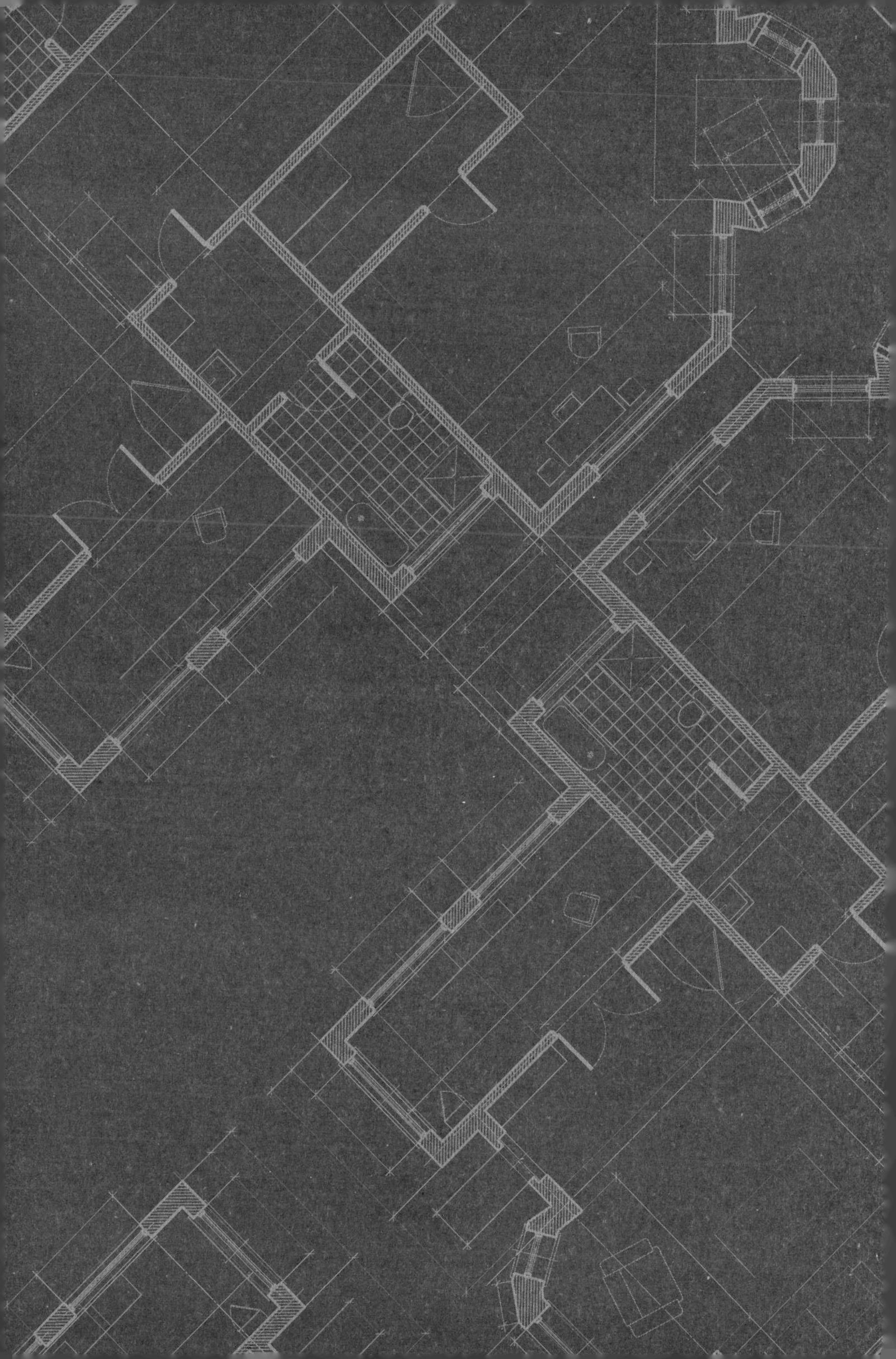